박지원,
열하로 배낭여행 가다

탐 철학 소설 14

박지원, 열하로 배낭여행 가다

초판 1쇄	2014년 10월 23일
초판 6쇄	2023년 4월 28일
지은이	김경윤
마케팅	강백산, 강지연
표지디자인	땡스북스 스튜디오
표지 일러스트	박근용
본문 디자인	유민경
펴낸이	이재일
펴낸곳	토토북

주소 04034 서울시 마포구 양화로11길 18, 3층(서교동, 원오빌딩)
전화 02-332-6255 | 팩스 02-6919-2854
홈페이지 www.totobook.com | 전자우편 totobooks@hanmail.net
출판등록 2002년 5월 30일 제10-2394호
ISBN 978-89-6496-218-3 44100
ISBN 978-89-6496-136-0 44100 (세트)

• 탐은 토토북의 청소년 출판 전문 브랜드입니다.
• 이 책의 사용 연령은 14세 이상입니다.

박지원,

열하로 배낭여행 가다

김경윤
지음

14

탐
철학
소설

탐

차례

언젠가 한 친구가 우스갯소리로, "만약에 자네 도서관에 불이 난다면, 그래서 책 한 권만 가지고 나가야 한다면, 자네는 무슨 책을 가져갈 건가?"라고 물은 적이 있습니다.

그래서 저는 농담 반 진담 반으로 이렇게 대답했지요.

"박지원의 《열하일기》!"

그 친구 나에게 묻더군요.

"박지원의 뭐가 그리 좋은가?"

그래서 내가 웃으며 말했지요.

"박지원의 모든 것!"

박지원(朴趾源)은 조선 영조 때 선비입니다. 그의 집안은 당시 정권을 장악하고 있었던 노론 세력이었지만, 그는 권력에는 관심이 없었지요. 과거시험에 나가서도 백지로 답안을 제출하거나, 글 대신 그림이나 그려 냈던 문제아였습니다. 어려서 우울증으로 고생했는데,

이 우울증을 고치려고 저잣거리로 나가 사람들의 이야기를 듣는 것을 즐겼습니다.

박지원이 소설을 많이 썼던 것 역시 이와 무관하지 않습니다. 재미있는 이야기를 듣거나 쓰면서 자신의 우울증을 고치려 했던 박지원의 모습은《열하일기》에도 고스란히 나타납니다. 이렇게 말해도 괜찮다면,《열하일기》는 친구들을 웃기려고 쓴 책입니다.

또한, 박지원은 신분을 가리지 않고 우정을 나눴던 열린 사람입니다. 유득공, 박제가, 이덕무, 이서구, 백동수 등 여러 벗과 신분을 뛰어넘는 교제를 했지요. 주로 종로 3가의 백탑(白塔)을 미팅장소로 삼았기에 이들을 일컬어 '백탑파'라고 부릅니다.

이들은 함께 모여 세상 물정을 이야기하고, 같이 여행도 가고, 웃고 떠들며 먹고 마셨습니다.《열하일기》에 나오는 마부들인 창대나 장복이를 애정 어린 시선으로 묘사한 것도 이러한 박지원의 인간성 때문이지요. 박지원과 친구들은 당시 사대부들이 혐오하던 청나라에 매력을 느꼈고, 그들의 문물을 받아들여 조선을 살기 좋은 나라로 만들기를 바랐지요. 그래서 이들을 '북학파(北學派)'라고 부르기도 합니다.

누구보다 유머감각이 뛰어나고, 세상에 열린 태도를 보이고 있으며, 먹고 마시고 떠들고 노는 것을 좋아하고, 백성이 편안하게 살기를 간절히 바랐던 박지원을 어찌 안 좋아할 수 있겠습니까. 그러니 박지원의 최고 명작인 《열하일기》를 좋아하는 것도 너무도 당연한 일이지요.

　그런데 이 《열하일기》는 분량이 만만치 않은 데다가, 청소년들이 전부를 읽기에는 전문적인 이야기가 많아 읽기에 여간 까다로운 책이 아닙니다. 청소년뿐만 아니라 어른들이 읽기에도 부담스럽지요. 그래서 청소년들이 한 권으로 읽을 수 있도록 분량을 줄였습니다. 그리고 화자도 박지원에서 그의 마부인 창대로 바꾸었지요. 열하로 여행할 때에 박지원의 나이가 44세인데, 청소년들과 정서적으로 공감하기에는 조금 늙은 나이지요. 반면 창대는 청소년과 같은 나이 또래예요. 그러니까 이 책은 청소년인 창대가 박지원과 함께 열하를 여행하면서 보고, 느끼고, 이야기를 나눈 것을 쓴 것처럼 구성했어요. 어렵고 지루한 이야기들은 뺐지만, 재미있는 부분들은 될 수 있는 한 살리려고 노력했어요.

　여러분이 이 책을 읽으면, 아마도 《열하일기》를 읽어보고 싶어질 거예요. 마음이 생긴다면 한 번 도전해 보세요. 너무 서두르지 말고, 어려운 부분은 넘어가면서, 조금씩 읽어나가다 보면 어느새 《열하일기》에 흠뻑 빠지게 될 것이라 확신합니다. 그러니까, 이 책은 본격적으로 《열하일기》를 읽기에 앞서, 열하일기 전체를 재밌게 훑어보는 역할을 하고 있지요.

그러니 가벼운 마음으로 이 책을 읽어 보세요. 박지원과 그의 일행이 걸어갔던 일정을 따라가며, 그들의 모습을 상상해 보세요. 그들과 함께 웃고 즐기세요. 그것이 내가 열하일기를 감상한 방법이고, 여러분이 이 책을 읽는 방법이기도 하지요. 즐거운 여행 되세요.

2014년 10월
자유청소년도서관에서
김경윤

연암 박지원 나리와 청나라를 같이 다녀온 지 벌써 20년이 흘렀다.

당시 내 얼굴에는 솜털이 자라고 있었지만 지금은 뻣뻣한 수염이 입언저리를 제법 가리고 있다. 세월은 흐르는 물과 같다고, 나는 이제 잔뼈 굵은 어엿한 마부가 되어 우리나라 사신을 따라 청나라를 열 차례 넘게 다녀왔다. 혼인도 하여 자식이 둘이다. 연암 나리의 충고에 따라 글자(한문)도 익혀 이제 까막눈 신세를 겨우 면했다.

하지만 배움의 길은 멀기만 하다. 아직도 말이 글로 표현되지 않고, 글이 말로 옮겨지지 않는다. 한문을 읽으면 낯익은 글자들이 멀찍이 떨어져 있어 마치 거센 개울에 넓게 놓인 징검다리를 건너는 격이다. 그나마 언문(한글)을 배운 것이 다행이라면 다행이다. 언문은 한자와 달리 내 입말을 고스란히 옮길 수 있다. 내 아이들에게도 일찍이 언문과 한자를 같이 배우도록 했다.

천한 신분에 글자를 아는 것이 무슨 도움이 되겠냐만, 글자를 모르면 세상을 온전히 읽을 수 없게 된다. 내가 연암 나리를 따르면서 터득한 지혜이다. 나리는 중국말을 못하시지만 한문을 익히셔서 청나라에서 수많은 중국인과 글로 이야기를 나누었다. 만약에 나리께서 한문을 몰랐다면 나리나 나나 모두 청나라에서는 까막눈이나 마찬가지였으리라. 소리 없이 글자로 생각을 나누다가 서로를 바라보며 인상을 쓰기도 하고 껄껄 웃기도 하셨던 나리의 모습은 지금 생각해도 경이롭다.

연암 나리와는 청나라에 다녀온 후 종종 서신으로 안부를 여쭈었다. 글을 배우고 처음으로 나리에게 서신을 보냈더니 나리는 답신과 더불어 《광문자전》이라는 소설을 보내주셨다. 아직 한자가 눈에 익지 않아, 관아의 아전 어른에게 읽어 달라고 부탁했더니, 아전 어른은 친절하게도 우리말로 읽어주셨다.

내용인 즉, 길거리의 거지인 광문자라도 바르고 자유롭게 살면 부자와 양반과도 친구가 될 수 있다는 이야기였다. 그 이야기를 듣고 얼마나 가슴이 뛰던지, 지금도 기억이 생생하다. 나리가 보내 주신 《광문자전》을 보물인양 가슴에 안고 집으로 돌아오면서 더욱더 열심히 공부해야겠다는 다짐을 하였다. 그러던 차, 새해가 되어 아내에게 누비옷을 짓게 만든 후 나리에게 보내 드렸더니, 이번에는 《열하일기》를 보내 주셨다. 그 분량도 방대하거니와 온통 한자인지라 손가락으로 짚어가면서 뜻을 새긴 지 어언 6개월, 이제야 전체를 읽게 되었고 읽은 후 눈물을 흘리지 않을 수 없었다.

20년 전 연암 나리와 청나라에 갔던 이야기들이 소상히 기록되어 있을 뿐만 아니라, 황송하게도 나의 이름과 친구 장복이의 이름이 수없이 거론되는 것을 보고 마치 어제 일처럼 그때가 선명하게 기억났다.

《열하일기》에서 나의 이름이 나올 때마다 얼마나 얼굴이 화끈거리고 부끄러웠는지 이루 말할 수 없다. 나리는 세상 물정도 모르고 얼뜨기처럼 우왕좌왕하던 우리 때문에 온갖 고생을 하셨으면서도, 우리를 마치 주인공인 양 대접해 주셨다. 기록된 일정에 따라 하루하루를 더듬으며 그날 일을 생각하니 가슴이 쿵쾅대고 팔다리에 힘이 다시 솟는다. 특히 말에 대해서 소상하게 기록해 놓으신 부분은 마치 미천한 나에게 전하는 연서(戀書)인 것처럼 소중한 것이었다.

같이 보내 주신 서신에는 이렇게 써 있었다.

"사람마다 길이 다르니, 너와 내가 같이 걸었던 길이지만 응당 너의 길이 있을 것이다. 이번에는 너의 이야기를 써 보지 않겠느냐?"

한편 나리의 《열하일기》에는 이런 대목이 나온다.

'내가 이 밤, 이 강을 건너는 것은 천하의 모험이다. 그러나 나는 말을 믿고, 말은 제 말굽을 믿고, 말굽은 땅을 믿는다.'

'하룻밤에 강을 아홉 번이나 건너다'라는 글에 나오는 대목이다. 당시 내가 발을 다쳐 나리를 못 모셨기에 그 험한 길을 어르신 홀로 가셨다고 생각하니 송구하여 고개가 숙여진다.

나리와 내가 사신 행렬을 따라 간 길이 3천 리[1]다. 압록강에서 북경까지 2천 3백여 리, 다시 북경에서 열하까지 7백여 리. 다시 고스란히 돌아오는 길을 합치면 6천 리에 이른다. 나리는 말을 믿고 6천 리를 다녀오셨고, 나는 내 발을 믿고 6천 리를 다녀왔다.

나리가 말의 높이에서 보신 모습과 내가 걸으며 본 모습이 다를 것이며, 나리가 말을 타고 가며 떠오른 생각과 내가 발로 걸으며 떠오른 생각은 응당 다를 것이다. 나리의 속도는 말의 속도이고, 나의 속도는 발의 속도이다. 느리게 느리게, 제 몸 하나 믿고 살아온 세월이 나에겐 있다.

하여 용기를 내 본다. 나리의 길과 나의 길이 다르듯, 열하를 다녀온 나리의 생각과 나의 생각은 다를 것이기에. 이렇게 쓴 글을 〈창대의 열하일기〉라 하면 나리께서 화를 내시려나. 그럴 리 없다. 연암 나리가 어떤 분이신데.

[1] 1리 = 0.4km

청나라로 떠나며

이 장은 《열하일기》에서 〈도강록〉에 해당하는 부분이다.

1780년 6월 14일
맑음

의주 관아로 사람들이 모여들었다. 각기 맡은 임무와 모실 어른들을 확인하고, 청나라에 가서 유의할 사항들을 점검하는 모임이었다. 나는 마두[2]와 마부들이 모여 있는 곳에 가서 뒷자리에 조심스럽게 서 있었다. 청나라는 초행길이라 걱정 반 기대 반이었다.

어떤 어르신을 모실지도 궁금했다. 자고로 사신단의 일원으로 참여할 때에는 어떤 어르신을 모실지가 운명의 반을 결정한다고 한다. 고약한 어르신을 만나면 모든 길이 가시밭길이요, 고우신 분을 만나면 꽃길이라고 형님들에게 익히 들었다. 하지만 꽃길이라는 말은 믿지 않는다. 어차피 마부는 하인이기 때문이다. 말머리를 붙잡고 주인을 따라, 가자는 대로 가고 하라는 대로 해야 한다. 고생길이다. 간혹 꽃은 보려나.

"창대, 장복이는 정사[3] 박명원 나리의 자제군관[4] 박지원 나리를 모신다."

나는 장복이를 쳐다보며 말했다.

"너는 박지원 나리를 아니?"

장복이는 고개를 저으며 말했다.

"아니, 하지만 정사 나리의 친척이라고 하니 높으신 분일거야. 조심하는 게 좋을 것 같다. 괜히 잘못하면 정사 나리 뒷배를 믿고 경을 칠지도 몰라."

"그렇겠지?"

나는 장복이와 근심스런 얼굴로 다음 지시를 기다렸다. 일행을 점검한 후, 다음과 같은 지시가 내려졌다.

"이번 사신단[5]은 청나라 황제의 만수절(칠순 생일)을 축하하기 위해 떠나는 것이다. 이번 행렬은 총 281명으로 구성되었다. 너희는 마두와 마부로 가장 아래에서 어르신들을 정성껏 모셔야 한다. 조금도 소홀함이 없도록. 나라에서 하사하신 노잣돈은 허투루 쓰는 일이 없도록 하고, 행여나 따로 돈이나 물품을 챙겨 국경을 지날 때 경을 치는 일이 없도록! 모두들 알아들었지?"

나는 큰소리로 "예!"라고 대답했다. 그리고 장복이에게 물었다.

"너는 노잣돈으로 뭘 할 건데?"

그러자 장복이는 대답했다.

"우리 같은 하인들이 돈을 쓸 일이 뭐 있겠어. 어머니께 드리고 그냥 가려고."

나 역시 속으로 이번에 노잣돈을 받으면 어머니에게 드려야지 생각했다. 장복이와 나는 뭔가 통하는 세 있는 것 같다.

6월 15일
큰비

내가 모시고 갈 박지원 나리를 뵈었다. 육중한 체구에 군관옷을 입고 계셨다. 얼굴이 커서 모자가 작아 보였다. 눈썹은 짙고 눈은 컸다. 눈매는 부드러운 듯도 하고 날카로운 듯도 해서 그 성격을 파악하기 힘들었다. 굳게 다문 입술은 얇아 보였다. 콧수염과 턱수염은 굵고 하얀 수염이 드문드문 있는 것으로 보아, 지긋하게 나이가 들어 보였다. 나는 장복이와 함께 나리에게 인사를 드렸다.

"소인들이 나리를 모시고 갈 마부입니다요."

"그러냐, 반갑다. 그래 청나라는 다녀온 적이 있느냐?"

"아닙니다요. 이번에 초행길입니다요."

"허허, 그래. 나도 초행길인데. 너희와 같은 처지구나. 청나라에 다녀와 본 하인이 있으면 이것저것 물어보려고 했었는데, 낭패구나."

낭패란 말씀에 고개가 아래로 꺾였다. 괜스레 송구스러워졌다. 그 모습을 지켜보셨는지, 나리는 이렇게 말씀하셨다.

"아니다, 고개를 들어라. 초행이면 어떠냐. 모든 것에는 처음이 있는 법이니, 우리 재미나게 지내자꾸나."

양반을 많이 모셔 보았지만, 하인에게 재미나게 지내자는 양반은 처음 보았다. 나와 장복이가 눈이 동그래져 나리를 쳐다보았더니, 껄껄 웃으며 말씀하셨다.

"뭘 그리 놀라누? 나는 특별한 임무를 띠고 사행 길에 오르는 것이 아니다. 그저 청나라의 이모저모를 보고, 뭔가 재미난 일이 없을까 해서 따라가는 것이니, 너희도 크게 걱정할 필요가 없다. 그저 몸 성히 다녀올 생각이나 하거라."

우리도 엉겁결에 웃음을 섞었다. 나와 장복이는 마음이 풀어졌다. 덩치나 용모로 보아서는 무서운 분 같았는데, 웃는 모습을 보니 장난꾸러기 같다. 다행이다. 가시밭길은 아니겠구나.

6월 24일[6]
아침에는 가랑비, 밤중에는 큰비

의주에서 발이 묶인 지 열흘이나 흘렀다. 오늘 아침에 드디어 청나라로 떠난다는 소식이 알려졌다. 가지고 갈 물품을 준비하느라 시간이 지체되었을 뿐 아니라, 큰비로 강물이 불어 떠나기가 어려웠는데, 오늘은 기필코 떠난단다. 아직 날씨는 비가 왔다 그쳤다 한다.

나와 장복이는 그동안 관리했던 말을 점검했다. 털빛이 붉고 갈

기가 검은 말이다. 이마에 하얀 점이 있고 허리와 다리는 날씬하고 굽은 높다. 머리가 뾰쪽하고 두 귀는 쫑긋하다. 누가 봐도 좋은 말이라는 걸 알 수 있다. 마구간에서 말을 꺼내 박지원 나리에게로 가려는데, 장복이가 갑자기 삼시 나너올 데가 있다며 성급히 떠난다. 나는 얼른 다녀오라며 박지원 나리에게 갔다.

얼마 있으니 장복이가 비를 맞고 손에 작은 병을 들고 돌아왔다. 박지원 나리가 어디를 갔다 오냐고 묻자, 장복이는 우리나라 돈은 청나라에서 쓸모없을 것 같아 술을 사 왔다며 나리에게 바친다. 나는 나리에게 잘 보이고 싶은 장복이의 마음을 읽은 것 같아 입가에서 웃음이 새어 나왔다.

"너희는 술을 마실 줄 아느냐?"

나리가 물으셨다. 우리는 동시에 대답했다.

"입에 대지도 못합니다."

그러자 나리는 껄껄 웃으며 말씀하셨다.

"예끼 이놈들, 술도 못 마시다니."

하지만 싫지 않은 표정이었다. 나리가 혼자 술 드시는 모습은 뭔가 허허로워 보였다. 술을 마시던 나리가 술을 잔에 부어 첫째 기둥에 부었다. 그리고 또 잔을 채워 둘째 기둥에 부었다. 그러더니 병째 우리에게 주며 나머지는 땅에 부으라고 말씀하셨다. 우리는 영문도 모르고 아까운 술을 땅에 부었다. 그러자 박지원 나리가 말씀하셨다.

"첫째 잔은 이번 여행이 무사하길 기원한 것이고, 둘째 잔은 너희의 건강과 안전을 기원한 것이고, 너희가 땅에 부은 술은 말을 위한 것이다."

이 말을 듣고 나와 장복이는 울컥해졌다. 이토록 다정다감한 분이셨다니. 우리 같이 미천한 신분의 하인들뿐만 아니라 말도 챙기시는 나리의 마음 씀씀이에 우리의 마음이 환해지는 것 같았다. 나는 기쁜 마음으로 말고삐를 잡고 장복이는 뒤를 따랐다.

국경에 도달했다. 사람은 이름, 사는 곳, 나이, 수염과 흉터, 키 등을 소상히 적고, 말은 털 빛깔과 특징들을 적었다. 공식 사신단원들은 대강 짐만 수색하더니, 우리 같은 하인들은 심하게 다루었다. 짐은 말할 것도 없고, 옷섶을 풀어 헤치고 바지가랑이까지 더듬었다. 주위를 둘러보니 강가에는 옷과 짐이 풀어 헤쳐진 채 널려 있어서 마치 전쟁통 같았다. 짐을 다시 챙기는 하인들의 얼굴이 울상이었다.

박지원 나리는 워낙 행장이 단출하여 별 이상 없이 통과되었으나, 우리는 마치 범죄자 취급을 당했다. 떠나기도 전에 기분이 상했다. 이 모습을 지켜보던 박지원 나리가 낮은 소리로 말씀하셨다.

"쯧쯧, 불법을 저지르는 장사치들은 벌써 며칠 전에 강을 건넜을 텐데. 그놈들은 막지 못하고 엄한 사람들만 괴롭히고 있구나."

수색이 끝나고 강을 건넜다. 물길이 거세 힘들었다. 강을 건너니 조선 땅이 강 건너에 있다. 아, 지금 나는 청나라 땅을 밟고 있는 것이다.

구련성에 도달했다. 넓디넓은 땅이 버려진 채로 있었다. 송곳 꽂을 땅도 없어 양반 땅을 빌려 농사짓던 동네 사람들이 떠올랐다. 그 사람들을 이곳에 이주시켜 농사짓게 한다면 얼마나 좋을까. 이런 생각 저런 생각에 잠시 넋을 놓고 있는데, 장복이가 어깨를 툭치며 말했다.

"오늘은 이곳에서 노숙을 한다네. 양반네들이야 삼삼오오 장막에서 주무시겠지만, 우리는 묵을 장막조차 없으니 얼어 죽지 않으려면 어서 나뭇가지를 모아야해."

"나뭇가지는 어디에 쓰게?"

"그거라도 얼기설기 엮어 바람이라도 막고 군불이라도 쬐어야지."

장복이의 이야기를 듣고 보니 이제 우리의 목숨은 우리가 챙겨야한다. 사행 길에 굶어 죽고, 맞아 죽고, 얼어 죽고, 물려 죽은 사람이 있다는 소문이 실감 나게 다가왔다.

나는 장복이와 서둘러 나뭇가지를 모으기 시작했다. 강가에는 의주 장사꾼들이 이미 자리를 잡아 놓고 닭을 삶고 물고기를 잡고 있었다. 회가 동했다. 하지만 지금은 남부러워해서는 안 된다.

나뭇가지를 가져다가 얼기설기 묶으니 구멍 뚫린 새장 같아 바람이나 막을까 싶었다. 장복이가 짐 보따리를 풀어 옷가지를 그 위에 덮으니 웃기기는 하지만 둘이 들어가 누울 장막이 마련된 듯 해 뿌듯했다.

곳곳에 지펴 놓은 화톳불이 제법 밤 추위를 덜어 준다.

겨우 요기를 하고 군뢰들의 나팔소리를 따라 '와' 하고 소리를 질렀다. 범이 오지 못하도록 지르는 소리인데, 밤새도록 질러야 한다. 자기는 글렀다. 게다가 한밤중에 갑자기 쏟아진 소낙비로 화톳불이 다 꺼져 버렸다. 땅은 축축하고 옷은 젖고 청나라에서의 첫날은 정말 개고생이다.

6월 25일
가랑비 후 맑음

아침 일찍 옷가지와 이불들을 널었다. 어의 변계함 나리의 마두인 대종이 형님이 박지원 나리에게 술 한 병을 바쳤다. 나리에게 생선이나 구워 드릴까 해서 냇가에 가서 낚시했다. 허탕을 쳤다.

6월 27일
안개 후 맑음

구련성에서 출발. 길에서 청나라 사람 대여섯을 만났다. 우리 마두들이 그들에게 나귀에서 내리라고 호령했다. 처음에는 이 자들이 화를 냈으나 황제에게 가는 사절이라는 이야기를 듣자, 나귀에서 급하게 내려 진흙에 무릎을 꿇고 머리를 조아리며 용서를 구했다. 하도 여러 번 머리를 조아려서 온몸이 진흙투성이가 되었다. 이 광경을 지켜본 박지원 나리가 마두들의 행패를 꾸짖자, 마두들이 하나 같이 말했다.

"이렇게 힘든 사행 길에 이런 장난이라도 치지 않으면 무슨 재미로 시간을 보냅니까요. 나리."

책문[7] 근처에 도착했다. 책문 밖에서 아침 식사를 했다. 아침 식사가 끝나고 행장을 정리하는데, 말안장 주머니의 왼쪽 자물쇠가 보이지 않았다. 장복이와 함께 풀밭까지 샅샅이 뒤졌으나 끝내 못 찾았다. 박지원 나리가 장복이에게 말씀하셨다.

"네놈이 행장에는 마음을 두지 않고 한눈을 파는 바람에 이런 사단이 일어난 것이다. 이렇게 가다가는 북경에 도착할 때에는 네 놈 눈알뿐만 아니라 오장육부도 없어질 것이다. 가는 길에 얼마나 무섭고 못된 좀도적놈이 많은 줄 아느냐?"

그러자 장복이가 머리를 긁적이며 대꾸했다.

"네 나리. 앞으로는 소인의 두 눈알을 꼭 감싸고 구경하겠습니다요. 그러면 어느 놈이 소인의 눈알을 뽑아가겠습니까요."

나리는 어이가 없다는 표정으로 "자알 한다"고 말씀하셨다. 장복이 때문에 나까지 창피했다.

책문 밖에서 책문 안쪽을 보며 박지원 나리는 청나라 사람들의 사는 모습을 보며 경탄을 하셨다. 시골인데도 그 규모와 모습이 질서 있고 깨끗했기 때문이다. 나리는 옆에 있는 장복이에게 물었다.

"장복아, 네가 중국에서 다시 태어난다면 어떻겠느냐?"

장복이는 눈을 크게 뜨고 손사래를 치며 대답한다.

"싫습니다요. 되놈 땅에 태어나다닙쇼. 상상도 하기 싫습니다요."

그때 웬 맹인이 어깨에 비단 주머니를 걸고 월금을 연주하며 지나갔다. 그러자 박지원 나리가 말씀하셨다.

"저 맹인의 눈이야말로 진정 평등한 눈이로구나."

박지원 나리는 청나라를 부러워하고, 장복이는 청나라를 되놈 땅이라 싫다 하니 뭐가 진짜인지 모르겠다. 나에게 물었다면 나는 뭐라 대답했을까? 박지원 나리가 맹인을 보고 말씀하신 '평등한 눈'이란 무엇일까? 양반님네의 말이 참 어렵다.

책문을 통과하니 우리 사신단 나리들은 술집에 들어가 시끌벅적 술을 드셨다. 국경을 통과하는 어려운 절차를 모두 마친 뒤라 홀가분하신 것 같다. 박지원 나리도 술집에서 몇 잔을 드시더니 밖으로 나오셨다.

나는 박지원 나리를 따라 책문 안쪽의 거리를 걸으며 시중을 들었다. 박지원 나리는 다른 나리 같으면 거들떠보지도 않는 외양간이

며 돼지우리, 장작더미며 거름구덩이까지 일일이 자세히 관찰하시며
고개를 끄덕이셨다.

시간이 꽤 걸리자 피곤이 몰려왔다. 나리도 그런 내 모습을 눈치
채셨는지 먼저 숙소에 가서 쉬라고 말씀하셨다.

나리는 저녁이 다 되어서야 돌아오셨다. 나는 나리에게 술 한 잔
과 달걀볶음을 한 접시 구해 드렸다. 지난번 장복이가 국경을 건너며
술을 산 것을 마음에 담아 두고 있었을 뿐 아니라, 나리가 달걀볶음
을 좋아하시는 것도 눈여겨 보아 두었다.

"왜 이제 오십니까요. 나리 생각에 거의 죽을 뻔 했습니다요."

나리가 나를 보고 조용히 웃으셨다. 기분이 좋다. 30리를 걸었으
나 피곤이 달아난 듯하다.

6월 28일
안개낌

한낮의 날씨가 푹푹 찐다. 박지원 나리는 비장 정 진사 나리와 말을
타고 가며 성을 쌓는 이야기를 주고받고 계셨다. 박지원 나리가 성을
쌓는 데는 벽돌이 낫다고 말씀하시자, 정 진사 나리는 돌이 튼튼하
기에 더 낫다고 말씀하셨다. 그러자 박지원 나리는 튼튼하기야 돌이
나을 것 같지만, 성을 쌓을 때 들어가는 공력이나 다 쌓고 나서의 튼
튼함을 볼 때 벽돌이 훨씬 낫다고 오래도록 말씀하셨다.

하도 말씀이 길어서일까? 이미 정 진사 나리는 꿈나라로 간 지 오래였다. 박지원 나리도 그것을 눈치 챘는지, 어처구니없다는 표정으로 정 진사의 옆구리를 부채로 찌르며 꾸짖으셨다.

"어른이 말씀하는데 어찌 듣지 않고 졸고 있는가?"

"아이고 다 들었습니다요. 벽돌은 돌만 못하고, 돌은 잠만 못하지요."

정 진사 나리는 웃으며 농을 치셨다. 박지원 나리는 때리는 시늉을 하시다가 껄껄 웃으셨다. 나도 따라 웃었다.

7월 1일
큰비

큰비가 와서 하루 종일 머물렀다.

7월 2일
큰비가 오다 늦게 갬

비가 크게 와서 시냇물이 크게 불어 건널 수 없었다. 사신단 나리들이 물을 건널 방책을 토론하였으나 속수무책이었다. 날씨는 더워서 하루해가 더디 갔다.

박지원 나리는 이곳저곳 기웃거리더니 저녁 무렵 심심풀이 노름판에 끼어들어 연거푸 다섯 판을 이겼다. 나리는 흥에 겨워 나를 불러 술을 사 오라 시키셨다.

술을 사서 나리에게 가져다 드렸더니 나리는 노름을 더 이상 하지 않으시고 술만 드셨다. 노름을 더 이상 하지 않는 이유를 여쭤 보니 "만족힐 줄 모르면 위테로운 범이다."라고 말씀하셨다. 가슴에 새겼다.

7월 4일
비가 억수 같이 옴

불은 강물이 줄어들지 않아, 오늘도 발이 묶였다. 연 사흘 째다. 사신단의 나리들은 점점 초조함을 나타냈다. 더러는 별 것 아닌 일에도 화를 내셨다.

오늘도 주방에서 밥 짓던 하인이 밥을 설게 지었다 하여 곤장을 맞았다. 평소에는 아무렇지도 않게 넘어갈 일이었다. 이럴 때 자칫 잘못하면 불똥이 하인들에게 튄다. 매사에 조심조심해야 한다. 차라리 빨리 길을 떠났으면 좋겠다.

나리들이야 마음만 급하지만, 시중을 드는 우리는 몸과 마음이 모두 초주검 상태이다. 언제 어떻게 혼날지 모르니 항상 경계해야 하기 때문이다. 부지런히 몸을 움직이고, 고분고분 분부에 따라야 한다. 상전의 성질을 건드려서는 안 된다.

다행히 박지원 나리는 천하태평이다. 덕분에 나와 장복이는 조금은 마음을 풀 수 있었다.

7월 5일
맑음

박지원 나리는 우리나라의 온돌방과 청나라의 캉[8]을 비교하며 목소리를 높이셨다.

우리나라 온돌방은 자연석을 굄돌로 쓰니 높낮이가 맞지 않아 불편하고, 굴뚝을 잘못 만들면 연기가 잘 빠지지 않아 열이 고루 퍼지지 않고, 열이 고루 퍼지지 않으니 어떤 곳은 지나치게 뜨겁고 어느 곳은 얼음장처럼 차가워 문제가 많다고 말씀하셨다. 하지만 청나라의 벽돌은 크기가 일정하여 이런 문제를 해결할 수 있으니 이 벽돌로 온돌방을 만든다면 얼마나 좋겠느냐고.

나리의 말씀을 들으니 겨울철 콧물을 질질 흘리며 방 안에서 지내던 생각이 났다. 군불을 아무리 때도 방바닥이 따뜻하지 않았던 이유를 이제야 알 것 같다.

청나라의 캉에 누워 잠을 청하는데, 갑자기 사방이 시끄러웠다. 일어나 달려가 보니 청나라 군사 한 명이 사신들의 인원을 점검하다가 들킨 모양이었다.

며칠 동안 같은 곳에 있었지만 청나라 군사를 이 밤중에 보는 것은 처음이었다. 사신단을 불편하지 않게 하기 위해 조용히 들어와 인원 점검을 하고 조용히 나갔다고 한다. 박지원 나리의 표정을 살펴니, 얼굴에 웃음기가 만연하시다. 이유를 물은 즉, "저 청나라 군사가 자신을 '되놈'이라고 해서 웃었다"고 말씀하셨다.

우리가 청나라 사람들을 '되놈'이라고 부르는 것을 어디서 들었나 보다. 우리야 청나라 사람을 놀려 '되놈'이라고 하지만, 청나라 사람 스스로가 '되놈'이라고 부르다니. 나도 헛웃음이 나왔다.

7월 6일
맑게 갬

냇물이 줄어 길을 떠났다. 줄긴 줄었으나 아직도 급하게 흐른다. 박지원 나리는 정사 나리와 가마를 타고 물을 건너신다고 한다. 장복이는 말을 몰아 냇물을 건너고 나는 거의 벌거벗은 채 가마를 둘러맸다.

물살이 센 곳에서 하마터면 가마를 뒤집을 뻔 했다. 냇물을 건너니 온몸이 얼음장처럼 차갑다. 감기 기운이 있어 하루 종일 덜덜 떨었다. 이날 60리를 걸었다. 몸이 천근만근이다.

7월 7일
맑음

또 다시 물살을 만났다. 나는 나리를 말에 태우고 말머리를 잡았다. 장복이는 뒤에서 나리의 몸을 힘껏 부여잡고 한 몸이 되어 건너가고 있었다. 중간쯤 건너자 물이 깊어지며 말이 왼쪽으로 기울어졌다. 나리가 말의 꼬리를 잡고 겨우 중심을 잡았고, 나는 말머리를 잡다가 말 발에 차일 뻔했다. 죽다가 살아났다.

7월 8일
맑음

정 진사의 마두 태복 형님이 갑자기 소리쳤다.

"백탑이 보입니다요!"

고개를 돌려 살펴보니 백탑이 보이지 않았다. 박지원 나리는 무엇이 급했는지 급히 말을 몰고 달려가셨다. 나도 장복이와 함께 뒤를 따라 달렸다. 숨이 턱턱 막힐 것 같았다. 산기슭을 벗어나자 나리가 말을 멈추고 사방을 둘러보고 계셨다. 뒤 따라 오던 정 진사에게 한 말씀하셨다.

"한바탕 울 만한 자리로구나.[9]"

그러자 정 진사가 "이렇게 시야가 툭 터져 넓디넓은 곳을 만났는데 왜 하필 우신다고 말씀하십니까?" 하고 물었다. 박지원 나리는 정 진사의 물음에 길게 답하셨다.

나 또한 나리의 말씀을 들으며 드넓은 평원을 바라보았다. 나리의 말씀 때문인지 갑자기 눈이 뜨거워졌다. 눈물이 왈칵 쏟아져 내렸다. 사방을 둘러보아도 산이라고는 보이지 않았다. 푸른 하늘과 드넓은 땅이 있을 뿐이었다.

내가 태어나 이렇게 넓은 곳을 본 적이 있던가? 다리에 힘이 풀려 털썩 주저앉았다. 저 너머 세상에는 또 무엇이 있을까? 우물 안 개구리라더니 내가 그 꼴이구나. 흐르는 눈물을 주체할 수 없었다. 갑자기 해방된 느낌이었다.

나리를 따라 여러 곳을 둘러보다가 갈 길이 막혀 버렸다. 사방을 둘러보아도 먹을 곳조차 없었다. 그때 정 진사가 박지원 나리를 향해 말했다.

"날은 저물고 길은 막혔고 우리는 모두 굶주리고, 몸은 피곤하고 정말 울고 싶습니다. 그런데 선생님은 어찌 안 우십니까?"

이 말에 모두들 크게 웃었다.

오늘은 70리 길을 걸어 겨우 숙소인 영수사에 도착했다.

7월 9일
맑음

날씨가 더울까봐 새벽에 길을 나섰다. 요동에 들어간 뒤 수없이 많은 마을을 지났다. 길은 넓었고 길 양쪽에는 수양버들이 심겨 있었다. 호젓하게 길을 걷는데, 뒤늦게 출발한 군관들과 만났다. 매양 먼저 떠나도 금세 따라 잡힌다.

마을에 들어서자 군뢰들이 나팔을 불고, 마두에게 '물렀거라'를 외치게 했다. 장복이는 신이 나서 외쳤다. 청나라 사람들이 거리로 나와 사신 행렬을 구경하였다. 왠지 기분이 우쭐해져 어깨를 펴고 당당하게 걸었다.

비장과 역관 나리들이 말 위에서 지나가는 여인들을 골라 첩으로 정하는 말장난을 한다. 이른바 구첩(口妾) 놀이이다. 여인들이야 자신들이 첩으로 정해졌는지 영문도 모르겠지만, 나리들의 장난은 사뭇 비장하다.

한 분이 첩으로 정한 여인은 결코 다른 분들이 첩으로 정할 수 없다. 구첩 놀이를 하며 서로 웃고 욕하고 조롱하고 떠든다. 하지만 이 모든 것이 지루한 사행 길에 심심풀이 놀이일 뿐이다. 첩실을 두는 것이야 부자 양반님네들이나 가능한 일이고, 비장이나 역관처럼 가난한 분들은 엄두도 못 낼 일이다. 그러니 상상으로나마 첩을 만들어 보는 것이다. 나도 지나가는 여인 중 한 명을 골라 '너는 내 꺼.' 했다. 정해 놓고 보니 마음이 푼푼해졌다. 아, 나는 언제쯤 장가를 들 수 있을까.

[2] 마두는 마부 중에서 우두머리 격으로 중국을 자주 오가며 경험을 쌓아 중국말도 곧잘 하고 중국 사정에도 밝다.

[3] 정사는 사신의 대표이다. 박명원은 박지원의 팔촌 형으로 영조의 셋째 딸 화평 옹주에게 장가들었다.

[4] 자제군관은 일정한 임무가 없이 사신 행렬에 속한 사람으로 처신이 비교적 자유로웠다. 옷은 군관처럼 입어서 자제군관이라 한다. 박지원은 정사 박명원의 배려로 청나라 사신 행렬에 가담했다.

[5] 사신단은 임금이 임명한 정사, 부사, 서장관(이를 통칭하여 삼사라 한다)과 이들을 보필하며 사신 행렬을 따라가는 사람들로 구성된다. 통역을 담당하는 역관, 경호원인 비장, 건강을 담당하는 의원, 그림으로 기록하는 화원, 황제에게 올릴 글을 관리하고 글씨를 쓰는 사자관. 중국어나 만주어를 배우러 같이 가는 우어별차 등이 공식 사신단이고 그 외 마부나 하인 등이 따라붙는다.

[6] 박지원의 《열하일기》는 이 날짜부터 시작된다. 그 이전 일정은 이번 소설에서 지어낸 것이다.

[7] 청나라의 공식 국경. 여기서 다시 엄격히 수색한다.

[8] 청나라의 난방 시설로 청나라의 집은 신발을 신고 돌아다닐 수 있고, 따뜻한 온기가 필요하면 벽 주위를 벽돌로 평평하게 쌓아 난방을 했다. 부분 난방 시스템인 셈.

[9] 이 장소에서 박지원은 '호곡장'이라 불리는 명문장을 쓴다.

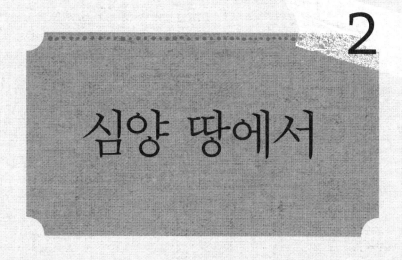

2

심양 땅에서

이 장은 〈성경잡지〉에 해당하는 일정 5일간이다.

7월 10일
비가 오다 갬

새벽부터 나리를 모시고 심양[10]땅을 둘러보았다. 심양은 청나라가 처음 일어난 곳이란다. 길을 가다 몽골 사람들을 보았다. 수레 수천 대에 벽돌을 싣고 가고 있었다.

몽골인들을 보니 모두 더럽고 무섭게 생겼다. 고려 시대 때는 천하를 호령하던 사람들이었으나 세월이 흘러 이제는 청나라의 지배 아래 살고 있다. 나는 짚신이 떨어져 맨발로 걷는데, 저들은 가죽으로 된 신을 신고 있다. 더워 보였다.

마부 중 한 명이 그들 뒤로 가더니 채찍 끝으로 모자를 훌렁 벗겼다. 벗겨진 모자로 제기도 차고 이러저리 돌렸지만 정작 몽골 인은 화를 내지 않고 오히려 웃으며 모자를 돌려달라고 한다. 모자 놀이가 심심해졌는지 마부 한 명이 모자를 달라는 몽골인의 허리를 붙잡고 넘어뜨린 후 입에다가 흙을 먹였다. 사람들이 모두 깔깔대고 웃는

다. 하지만 넘어진 몽골인은 빙그레 웃으며 일어나 입을 닦고 모자를 고쳐 쓰고 제 갈 길로 간다. 몽골인은 모욕을 당하면서 왜 웃었을까? 지금도 그 웃는 몽골인의 얼굴이 떠오른다. 괜히 나랑 많이 닮았다는 생각이 들었다.

박지원 나리의 말씀에 따르면, 심양은 본래 조선의 땅이었단다. 수나라 당나라 시절에는 고구려 땅에 속해 있었단다. 그런데 왜 지금은 청나라의 땅이 되었을까? 조선은 왜 이 넓은 땅덩어리를 버리고 좁은 곳에서 살고 있는 것일까?

점심을 먹고 나리를 따라 이곳저곳을 다니다가 형부(刑部)[11] 앞을 지나가게 되었다. 나리는 느닷없이 들어가 보자고 하셨다. 나는 무서워 주춤하는데 나리는 성큼성큼 들어가셨다. 어쩔 수 없이 따라갔다. 아무도 막는 사람이 없었다.

마침 재판을 하고 있었는데, 꿇어앉은 죄인과 재판하는 분이 조용히 이야기를 나누고 있었다. 조선의 재판은 고함이 오고가는 것이 보통인데, 너무도 조용히 재판이 진행되어 무척이나 낯설었다. 재판이 끝났는지 재판하는 분이 뭐라고 큰 소리로 외친다. 그러자 곤장을 쥐고 있던 사령이 곤장을 놓고 달려가 죄인의 뺨을 네댓 차례 때리더니 다시 돌아와 곤장을 쥐고 선다. 뺨 때리는 형벌도 있던가?

7월 11일

맑다. 아주 덥다

박지원 나리는 어제도 밤에 나가더니 오늘도 밤중에 나와 함께 밖으로 나갔다. 장복이도 따라 나서려 하자, 나리는 "너는 남아서 누가 나를 찾으면 측간에 갔다고 둘러대라"고 당부했다. 어젯밤에 사귀었던 청나라 친구들을 만나러 가상루[12]와 예속재[13]를 방문하려는 것이다.

나는 나리가 들어가는 입구에서 망을 봤다. 혹시나 무슨 일이 생기면 나리에게 연통을 하기 위해서다. 안에서는 많은 분이 불빛 아래에서 뭔가 이야기를 나누며 웃고 떠드는 소리가 간혹 들려왔다. 나는 하릴없이 기둥에 기대 앉아 하늘을 쳐다보았다.

별들이 총총하다. 넓은 나라에 와 있어 그런지 하늘도 넓어 보였다. 갑자기 어머니가 떠올랐다. 떠날 때 내 손을 꼭 잡으며 꼭 무사히 다녀와야 한다고 몇 차례고 신신당부하시던 모습이 떠올라 가슴이 아려 왔다.

'어머니, 저는 잘 지내고 있어요. 좋은 상전 만나 별의별 구경도 하구요. 돌아가면 다 말씀 드릴게요.'

시간이 얼마나 흘렀는지, 잠결인지, 가까운 곳에서 닭들이 홰를 치는 소리에 놀라 눈을 떴다. 박지원 나리는 내 앞에서 나를 물끄러미 내려다보고 계셨다.

"네가 나 때문에 고생이 많구나. 가자, 벌써 동이 텄다."

숙소에 돌아오니 장복이는 코를 골며 자고 있었다. 나리는 장복이를 발로 차 깨우며, "나를 찾는 사람이 있었더냐?" 하고 물으셨다. 장복이는 아직도 잠에서 덜 깼는지, 눈을 비비며 아무도 없었다고 대답했다. 그러더니 다시 잠 속으로 빠져들었다. 나도 그 옆에 쓰러져 잠이 들었다.

7월 12일
비가 조금 오다 갬

박지원 나리는 아침 식사로 죽을 대충 드시더니 곧장 또 밖으로 나가셨다. 밤중에 들렀던 가상루와 예속재에 또 들르셨다. 밤새 술을 드신 것 같은데 나리의 체력은 가히 항우 장사급이다. 그곳 사람들은 나리를 다시 보자 깜짝 놀라했다.

불과 이틀 사이의 친교지만 나리와 그분들의 우정은 퍽이나 깊어 보였다. 박지원 나리는 순식간에 사람들과 친해지는 능력도 있는 모양이었다. 가상루에 들렀다가 떠나실 때에는 포도를 한 광주리 선물로 받았다.

나리는 이틀 밤이나 새우셔서 피곤한지 말 위에서 주무셨다. 나와 장복이는 말 양쪽에서 나리를 부축하고 걸었다. 나도 피곤할 때는 걸으면서 존 적이 있는데, 나리는 말 위에서 코까지 골며 편안히 주무신다. 나도 졸음이 와 반쯤 졸며 걷고 있는데 장복이가 나에게 말했다.

"저기 봐, 저게 말로만 듣던 낙타인가 보다."

장복이의 말을 듣고 고개를 들어 바라보니 몽골 사람들이 낙타에 짐을 싣고 지나가고 있었다. 나는 감탄하며 말했다.

"하 참, 신기하게 생겼다. 말이라고 하기에는 발굽이 두 쪽이고, 소라고 하기에는 뿔이 없고, 얼굴은 양을 닮은 것도 같고, 양이라고 하기에는 털이 곱슬곱슬하지도 않고, 머리 드는 모양은 거위 같고, 눈 뜬 모양은 장님 같네."

한참이 지나서 박지원 나리가 잠에서 깨었다. 장복이는 낙타를 본 것이 자랑스러웠는지 신 나서 떠벌렸다.

"나리, 저희가 낙타를 보았습니다."

"아이고 이놈들아. 낙타를 보았으면, 나를 깨워야지."

나리가 타박을 하신다. 내가 나리가 코까지 골면서 주무시기에 못 깨웠다고 하니, 나에게 그 짐승이 어떻게 생겼냐고 물으신다. 내가 본 모양을 말씀드리니, "필시 낙타로구나. 다음부터 낙타를 보면 하늘이 두 쪽 나도 나를 깨워야 한다. 알겠느냐?"라고 말씀하셨다. 우리는 웃으며 알았다고 대답했다.

7월 13일
맑고 바람이 세게 붐

박지원 나리의 글쓰기 실력은 대단했다. 시장 점포에 들러 글씨를 써 주면 청나라 사람들은 저마다 엄지손가락을 치켜들며 최고라고 칭찬했다. 그래서 그랬는지 나리는 곧잘 청나라 사람에게 글씨를 써 주고 대접을 받으셨다.

이번에도 어떤 전당포에 들러 나리가 글자를 쓰시는데 첫글자를 쓰자 주변 사람들이 명필이라며 환호했다. 그런데 두 번째 글자를 쓰자 사람들의 얼굴에서 실망하는 빛이 역력했다.

나리는 분위기가 이상해지자 더욱 심혈을 기울여 나머지 두 글자를 완성하셨다. 그러나 사람들은 못마땅해하며 돌아섰다. 평소에 글씨를 잘 쓰기로 유명하신 나리가 이번에는 낭패를 당한 셈이다. 나리도 당황해하며, "이런 촌구석에서 장사하는 놈들이 무슨 글자를 알아." 하며 나오셨다. 나도 덩달아 기분이 나빠 침을 퉤 뱉고 나와 버렸다.

7월 14일
맑음

박지원 나리의 넉살은 정말 못 말린다. 오늘은 아무런 인연도 없는 상갓집에 들러 문상을 하고 음식 대접도 받으셨다. 나는 몸들 바도 모르겠는데, 나리는 전혀 당황하지 않고 문상하는 방법을 물으시며 천연덕스럽게 계셨다. 상갓집 밖으로 나왔을 때, 내가 물었다.

"나리, 저분들과 무슨 인연이라도 있으셨습니까?"

그러나 나리는 "인연은 무슨 인연. 그냥 청나라에서는 어떻게 장례를 치르나 궁금했는데, 느닷없이 상주가 뛰쳐나오는 바람에 나도 그냥 그들을 따라 해 본 것뿐이다." 하고 씩 웃으며 말씀하셨다.

나중에 다른 나리들에게 문상한 이야기를 전하자 모두들 배꼽을 잡고 웃으셨다.

저녁 식사 후 나리는 또 밖으로 나가셨다. 이번에도 점포들이 늘어선 곳으로 들어가 이것저것을 구경하는데, 나리는 주로 글씨를 감상하시다가 탁자 위 종이에 글씨를 쓰셨다.

대번에 사람들이 몰려들었다. 모두들 명필이라고 칭찬이 자자했다. 자기네 점포에도 글씨를 써 달라고 줄을 섰다. 나리가 우쭐대며 이런 저런 명구를 써서 선물했더니 사람들은 술이며 안주 등을 가져와 나리를 대접했다. 나도 옆에서 시중을 들면서 과일을 실컷 먹었다.

그러다 나리는 어제 쓴 글자가 있는데, 한 번 더 써서 선물을 하겠다며 큰 종이를 가져오라고 말씀하셨다. 나리의 분부대로 큰 종이를 가져오자, 거기에 큰 글씨로 '기상새설(欺霜賽雪)'[14]이라 쓰셨다. 나는 글자는 모르지만, 나리가 어제 쓰셨던 것보다 더욱 힘차고 자

신감이 넘쳐 보였다. 글씨가 완성되자, 현판 글을 부탁한 점포 주인이
말했다.

"나리, 저희 점포는 장식품을 파는 곳이지 밀가루를 파는 가게
가 아니옵니다."

나리는 붉어진 낯빛을 재빨리 바꾸시고 껄껄 웃으시며 "아이고,
나도 알지요. 그저 시험 삼아 써 보았을 뿐이오." 하고 얼른 다른 글
을 써 주셨다. 새로 쓴 글에 점포 주인은 아주 만족하는 표정이었다.

어제 나리가 봉변당한 점포가 전당포였으니 주인이 고개를 돌릴
밖에. 나는 어제 전당포 가게에 침을 뱉은 것이 부끄러워졌다. 그런데
박지원 나리는 숙소로 돌아와 나리가 오늘 봉변당할 뻔한 이야기와
어제 창피를 당한 이야기를 다른 나리들에게 아무렇지도 않은 듯 웃
으며 말씀하셨다.

다른 나리들은 이 이야기를 듣고 포복절도를 했다. 정말 우리 나
리는 못 말린다니까.

[10] 심양의 옛 이름은 성경(盛京)이다. "심양은 본래 조선의 땅이었다. 혹자는 한나라가 한사군을 설치했을 때 낭랑군의 군청이 있던 곳이라 하는데, 후위와 수당 시절에는 고구려 땅에 속했다. 지금은 성경이라 일컫는다."

[11] 법이나 소송, 재판을 맡아보는 관청

[12] 박지원이 가상루에서 중국인들과 나눈 이야기는 《열하일기》의 '상루필담'에 잘 나와 있다.

[13] 박지원이 예속재에서 중국인들과 나눈 이야기는 《열하일기》의 '속재필담'에 잘 나와 있다.

[14] 박지원은 '기상새설(欺霜賽雪)'이라는 점포 문설주의 글자를 말 그대로 '심지가 희고 깨끗하여 가을 서리와 같고 또 희디흰 눈빛을 압도한다'라고 생각했으나, 사실은 '밀가루가 서리보다 가늘고 눈보다 희다'는 뜻으로 좋은 밀가루를 자랑하기 위해 쓴 글이다.

말을 타며
말을 끌며

이 장은 《열하일기》에서 〈일신수필〉에 해당하는 일정이 담겼다.

7월 15일
맑음

오늘도 90리 길을 걸었다. 찌는 날씨에 다리가 후들거리고 머리가 어지러웠다. 나리는 우리를 보시고 잠시 쉬었다 가자고 말을 멈추셨다. 나리는 나와 장복이에게 물으셨다.

"지나온 길에 무엇이 가장 인상 깊더냐?"

장복이가 말했다.

"더러운 되놈이라고 해서 혹시나 했는데, 거리마다 똥거름이 넘치는 걸 보니 더럽다는 것을 확실히 알게 되었습니다."

나리가 껄껄 웃으며 나를 바라보시기에 말씀드렸다.

"쪼개진 기와나 돌조각들로 마당을 깔아 마당이 질척거리지 않는 것이 인상 깊었습니다. 조선에서는 비만 오면 마당이 질척여서 여간 불편한 것이 아니거든요."

이번에는 더 껄껄 웃으시며 내 어깨를 두드려 주셨다.

"너희가 보기는 잘 보았구나. 그런데 장복아, 왜 청나라에서는 거리마다 똥거름이 넘쳐나는 줄 아느냐?"

장복이가 대답을 못하고 두 눈을 멀뚱거리며 나리를 쳐다보았다.

"우리는 더러운 똥이라고 생각하는 것을 모아다가 거름창고에 쌓아 두고 네모반듯하게, 혹은 여섯 모나 여덟 모나게 만들어 탑처럼 쌓아 둔다. 그러다가 밭에 거름으로 쓰게 되면 곡식이 풍성해지고 작물이 잘 열린단다. 그러면 그 혜택이 누구에게 돌아가겠느냐? 너희처럼 가난한 사람들에게 돌아가지 않겠느냐. 그렇다면 과연 똥이 더러운 것이냐 귀한 것이냐?"

장복이는 나리의 말에 깜짝 놀라며, 그렇다면 똥은 귀한 것이라고 대답한다. 나리는 말을 이으셨다.

"우리나라는 부자집만 기와를 잇고, 가난한 집 사람들은 기와를 쏠 수조차 없다. 하지만 청나라에 와서 보니 아무리 가난한 집이라도 깨진 기와나 벽돌, 자갈이나 조약돌을 모아 집을 장식하고 마당에 깔아 보기 좋게 사용하더구나. 반드시 온전한 기와나 벽돌만이 쏠모가 있는 것이 아니다. 깨진 기와나 벽돌이라도 이렇게 저렇게 잇고 모양을 만들어 붙인다면 더욱 아름다운 장식이 될 수 있는 것이다. 세상에 버릴 것이 하나도 없는 셈이지."

나는 나리의 말에 충격을 먹었다. 나리가 평소에 이곳저곳 기웃거리고 이모저모 묻고 다니시며 생각한 것이 모두 백성을 위한 것이었구나 생각하니, 감탄이 절로 나왔다.

"너무 늦었다. 출발하자."

나리가 일어서며 말씀하셨다. 우리도 툴툴 털고 일어서며 말을 잡았다. 나리의 말씀이 하루 종일 귓가에 맴도는 하루였다. 이 세상에 쓸모없는 것은 하나도 없다. 심지어 똥조차도 귀한 것이다.

7월 17일
맑음

우리 사신 행렬을 비장들이 호위하지만 청나라에서도 호행통관이라고 해서 우리 사신단을 따라다니며 호위를 담당하는 사람이 있다.

이번에는 쌍림이라는 자가 그 역할을 맡았다. 그런데 이 사람은 그저 수레나 타고 따라올 뿐 우리와 같이 행동하지는 않는다. 그러면서도 비용으로 은 7백 냥을 받는 것이 관례처럼 되어 있다고 한다.

사실 이 돈은 우리 사신단을 위해서 사용하라고 준 돈이지만, 이 자는 일 전 한 푼도 안 쓰고 오히려 사신단에 빌붙어 얻어먹기만 해서 꼴사납다. 우리 같은 하인들은 죽어라 일해도 적은 돈을 받는데, 이런 자는 하는 일 없이 큰돈을 받으니 세상 일이 불공평하다.

박지원 나리도 이러한 실정을 우리에게 말하며 쌍림이라는 자를 멀리했다. 그런데 다른 나리들은 그렇게 청나라 관료를 무시했다가는 불편한 일을 당할 것이라며 '웃는 낯에 침 못 뱉는다'고 겉으로라도 친하게 지내라고 충고해 줬다. 박지원 나리는 빙그레 웃으셨다.

사신 일행은 먼저 떠나고 느지막이 아침을 드신 나리가 쌍림에게 웃는 낯으로 "말 타고 가는 것도 지루한데, 어디 당신 수레 한번 탑시다."라고 말했다.

쌍림은 평소에 무시하던 박지원 나리가 웃으며 부탁하자, 기꺼이 승낙하며 왼쪽 자리를 비워 나리를 앉히고 제 손으로 말을 몰았다. 게다가 장복이도 불러서 오른쪽 멍에 채에 앉히며 말했다.

"가는 길이 심심할 테니 우리 이야기나 해 보자. 나는 조선말로 물을 테니 너는 중국말로 대답해라."

내가 알기로는 장복이는 중국말을 모른다. 장복이가 중국말을 배운 것이라고는 고작 이번 사신 행렬을 따라다니며 귓등으로 배운 것이 전부이다. 그런데도 장복이는 씩 웃는다. 옆에서 말을 잡고 가며 둘의 이야기를 들으니 정말 웃음이 절로 나온다. 대강 짐작컨대 이런 말들이 오고갔다.

"우리 아버지 봤나?"

"예, 털보 수염 좋은 분입니다. 내가 모시고 가면서 물렀거라 외치니까 대감이 좋아라 하던데요."

"울 아버지 눈깔이 무섭다."

"꿩 잡는 매 눈깔 같습니다."

"맞다. 장가는 들었나?"

"가난해서 못 갔습니다."

"불쌍하다. 의주 기생이 예쁘냐?"

"양귀비 같은 기생, 서시 같은 기생, 아주 예쁩니다. 유색이라는 기생은 꽃이 부끄러워하고 달이 얼굴을 못 들 만큼 예쁘지요. 춘운이라는 기생은 얼마나 예쁜지 가던 구름도 멈추고 사내들도 넋을 잃습니다."

"그런 기생 있으면 왜 내가 코빼기도 못 봤나?"

"다행이죠. 대감들이 봤으면 넋이 빠져 전 재산을 다 쓰고 압록강도 못 건너고 의주 귀신이 됐을 것입니다."

"네가 몰래 한 명 데리고 와라."

"들키면 목이 달아납니다."

쌍림이라는 중국 관료는 오랫동안 조선말을 배웠는데, 길에서 주워들은 장복이의 중국말보다 못한 것 같다. 쌍림이 머리가 나쁘든가, 장복이 머리가 좋든가.

그렇게 킬킬대며 이야기하는 사이에 30리 길을 걸었다. 박지원 나리도 한참을 웃으셨다. 나도 장복이처럼 넉살이 좋았으면 좋겠다.

7월 18일
맑음

80리를 넘게 걸어 고교보에서 묵었다. 그런데 고교보 사람들이 사신 행렬을 무슨 원수처럼 대했다.

사정을 알고 보니, 원래 고교보 사람들은 매우 친절했는데, 한번은 조선 사신이 고교보에서 은 천 냥을 잃어버리고 이를 지방 관아에 고발하여 황제에게까지 알려지면서 관아 공금으로 그 돈을 물어주고, 관리들도 쫓겨나고, 숙소 주인과 이웃 사람을 잡아들여 심문했는데, 그러다가 죽은 자가 네댓 명이나 되었다고 한다. 그런 사건이 있은 후부터 조선 사신이 오면 경계가 삼엄해지고 숙소 주인들도 사신들을 불쾌하게 여긴다고 한다.

내가 나이든 마두에게 사라진 은전을 정말 고교보 사람이 훔친 것이냐고 묻자, 마두는 "그야 아무도 모르는 일이지. 하지만 들은 바로는 마부가 훔쳤을 거라는 이야기도 있단다. 워낙 힘들고 고달픈 것이 마부 인생이니 어느 미친놈이 본분을 잊고 훔쳤을 수도 있지. 너도 가진 거 있으면 잘 단속하거라." 하고 쉬쉬한다. 나는 갑자기 소름이 돋았다.

주위를 둘러보았다. 오랜 여정에 지친 마부들이 모두 코를 골며 잠들어 있었다. 처음에는 말쑥한 복장으로 출발했지만 지금은 하도 고생을 해서 얼굴이며 옷이며 모두 거지꼴이다. 우리네 같은 마부는 돈이 없어서 사고 싶은 것도 못 사고 먹고 싶은 것도 못 먹는다. 때로는 배불리 먹는 말이 부러울 때도 있다. 가난에는 장사가 없다는데 나는 큰돈의 유혹을 물리칠 수 있을까? 자신이 없어졌다.

7월 22일
맑음

박지원 나리를 따라 시장에 들어갔다가 크고 멋진 관운장 사당을 보았다. 이 관운장 사당에서 기원을 드리면 다 이루어진다는 소문이 있어 일행 모두가 제물을 바치며 머리를 조아렸다.

나도 참외 한 개를 얻어와 수없이 머리를 조아리며 제발 아무런 사고 없이 조선으로 돌아갈 수 있게 해 달라고 빌고 빌었다. 그러고 돌아서려니 제단에 놓았던 참외가 떠올랐다. 침이 꿀꺽 넘어갔다. 체면 차릴 것도 없이 재빨리 뒤로 돌아 참외를 집어 한 입 크게 베어 물었다. 꿀맛이었다.

7월 23일
가랑비 후 갬

들판에서 여자 아이 세 명이 말을 타고 재주를 부리는 것을 보았다. 얼마나 재주를 잘 부리던지 입이 쫙 벌어질 정도였다. 말과 함께 뛰다가 말 등을 좌우로 넘나들고, 말 잔등 위에 거꾸로 서고, 말에 누워서 시체처럼 꼼짝하지 않았다. 그 가볍게 움직이는 모습이 마치 나비와 같았다.

그렇게 재주를 부리더니 돌아가며 돈을 걷는다. 박지원 나리가 한족 여인들이 살아갈 방도가 없어서 저렇게 재주를 부려서 살아간다고 설명해 주셨다. 망한 민족은 저렇게 사는구나 싶어 갑자기 눈물이 핑 돌았다.

만리장성이 시작되는 산해관 밖에 있는 장대에 들렀다. 나는 장복이와 말을 돌보며 아래에서 기다렸는데, 동행한 나리들이 벽돌로 쌓은 층층대를 오르고 있었다. 장대가 얼마나 높은지, 올라가는 나리들의 모습이 개미처럼 보였다.

한참 후에 박지원 나리가 엉금엉금 기다시피 내려오며 안도의 한숨을 쉬셨다. 다른 나리들은 한참 후에야 거의 울상이 되어 내려오셨다. 박지원 나리가 한 말씀하셨다.

"오늘 장대에 올라보니 함부로 높은 지위에 오르지 않아야겠다는 생각이 듭니다. 높은 자리에 오를 때는 아무런 생각 없이 오르지만, 오르면 겁이 나고 외롭고 위태롭게 됩니다. 이제 내려가고 싶어도 앞이 천 길 낭떠러지니 제 마음대로 안 되지요."

이 말을 듣던 일행이 모두 고개를 끄덕였다.

4

산해관에서
북경으로

이 장은 《열하일기》의 〈관내정사〉에 해당하는 부분으로 11일간의 기록이다.

7월 25일
맑음

진사 서학년이라는 분의 집에 들렀다. 서 진사는 이미 오래전에 돌아가셔서 이제는 맏아들이 집안을 돌보고 있었다. 오래전 조선 사신이 이 집에 들러 대접을 후하게 받아 소문이 나면서 이제는 청나라에 오는 사신들은 관례처럼 이 집에 들른다고 한다.

나도 박지원 나리를 따라 집 안에 들어가 마당에서 서성이는데, 비장 나리들이 거실에서 여기저기 놓은 서화를 깃발을 휘날리듯이 펼치며 함부로 다뤘다. 게다가 불평이 많다. 그림이 길다느니, 분위기가 어둡다느니, 무뢰배도 그런 무뢰배가 없었다. 주인 아들의 얼굴을 보니 똥씹은 표정이었다. 박지원 나리도 난처한 표정으로 얼른 나오시며 말씀하셨다.

"나가자, 저들과 함께 있는 게 너무나 창피해서 더 이상은 못 있겠다."

사신단 망신은 저 분들이 다 시킨다. 나도 창피하다.

7월 26일
오후에 우레가 치며 비가 옴

박지원 나리를 따라 성 밖으로 구경을 갔다. 강가에 장이 섰는데 온갖 물건을 팔 뿐만 아니라 쥐며 토끼며 곰 등 여러 동물들을 가지고 재주를 부리며 동냥하는 사람들도 있었다.

배를 잡아타고 강을 따라 흐르는데 강물이 탁했다가 유달리 맑아지는 곳에 이르렀다. 난하라고 한다. 거기에서 옛날 충신 백이, 숙제가 머물렀다는 고죽사도 방문했다. 주변 경관이 어찌나 아름다운지 감탄이 절로 나왔다.

일행 중 한 분이 "강산이 그림처럼 아름답습니다 그려." 하고 말하니, 박지원 나리가 웃으며 대꾸하셨다.

"자네는 강산이 먼저라고 생각하는가, 그림이 먼저라고 생각하는가? 당연히 강산이 먼저겠지. 그렇다면 그림이 강산처럼 아름답다고 말해야지. 강산이 그림처럼 아름답다고 말해서는 안 되네. 비슷한 것은 어디까지나 비슷한 것일 뿐, 진짜는 아닐 테니까."

나리 말씀이 천만 번 옳았다. 가짜가 아무리 진짜 같아도 가짜는 가짜일 뿐이니까.

백이숙제 사당을 떠나 길을 가는데 갑자기 비가 한 두 방울 떨어지기 시작했다. 종지만 한 빗방울이다. 태어나 이렇게 큰 빗방울은 처음이었다. 그러더니 주먹만 한 물방울이 내 모자 처마를 때렸다. '탕' 소리가 났다.

하늘을 보니 맑은 하늘에서 '구르릉'하는 소리가 들리고 먹구름이 까마귀 떼처럼 몰려든다. 태양이 가려지더니 빛이 번쩍하며 번개가 친다. 잠시 뒤에 하늘은 온통 먹구름으로 뒤덮이고 우레와 번개의 소리가 동시에 들린다. 나는 급히 말을 몰아 먹구름에서 벗어나려했지만 벗어나지 못했다.

엄청난 비가 쏟아져 내리는데, 손이 덜덜 떨려 우산도 펼 수 없었다. 갑자기 온 세상이 깜깜해지고 비, 바람, 번개, 우레가 귀신처럼 우리에게 달려들었다. 말머리를 모두 모아 빙 두르고, 말갈기 아래로 숨었다. 말도 놀랐는지 다리를 덜덜 떨었다. 나는 눈을 감고 천지신명에 살려달라고 기원했다.

잠시 뒤에 폭풍우가 다소 그쳐 서로의 얼굴을 쳐다보니 인간의 몰골이 아니었다. 물에 빠진 생쥐도 이런 생쥐가 없다. 그러더니 언제 폭풍우가 몰아쳤냐는 듯 금세 날이 개고 해가 맑았다. 나리는 이 상황에서도 농을 하셨다.

"내 이제 역사책은 안 믿을 테야.《사기》에는 항우의 고함이 천둥소리보다 커서 적군의 말들을 놀라게 해 몇 리 밖으로 물러나게 했다는데, 모두 거짓말이야. 내가 오늘 겪어 보니까 알겠어. 제 아무리 항우의 고함이 크기로 오늘 겪은 천둥 번개만 하려고?"

이 농에 다들 생쥐 꼴로 킬킬대며 웃었다.

7월 27일
맑다. 오후에 매우 더움

어제 백이숙제 사당에서 고사리와 닭찜을 잔뜩 드셨는지, 박지원 나리가 속이 더부룩하다 하여 생강차를 한 잔 다려 올렸다.

생강차를 드시며, 주변 분들에게 "가을에는 고사리가 나지 않는데 어디서 난 거지요?" 하고 물으니, 옆에서 답을 했다.

"마른 고사리는 우리나라에서 가져온 것입니다. 사당에서는 그 고사리를 받아서 요리를 해 올리는 거지요. 십수 년 전인가요. 음식을 담당하는 건량관이 고사리를 가져오지 않아. 사당에서 고사리 음식을 내놓지 못한 적이 있었지요. 그 일로 그 건량관은 서장관에게 곤장을 맞았는데, 맞고 나서 냇가에 가 이렇게 통곡을 했다 합니다. '백이 숙제야, 백이 숙제야, 나하고 무슨 원수를 졌느냐?' 소인의 생각으로는 고사리보다는 고기가 나은 듯하고, 백이와 숙제도 고사리를 먹다 굶어 죽었다 하니, 고사리는 정말 사람을 죽이는 독한 음식입니다."

박지원 나리는 그 이야기에 껄껄 웃으시며 트림을 하셨다. 트림에서 고사리 냄새가 났다. 조선의 산천에는 고사리가 흔하다. 그래서 종종 캐 먹는데, 그 맛이 고소하고 달콤하다.

우리네 같은 사람들에게는 그저 맛난 반찬일 뿐이지만, 양반들은 그 고사리에도 의미를 부여하고 충절이니 뭐니 하면서 소중하게 여긴다. 희한한 일이다.

7월 28일
오후에 우레가 침

고려보에 갔다. 병자호란 때 붙들려 온 조선 사람들이 정착한 곳이라 한다. 그래서 그런지 주변 풍경이 낯설지 않다. 청나라 사람들의 집과는 달리 모두 낡은 초가집이었다. 논도 있다. 거리에서는 우리가 즐겨 먹는 떡이나 엿을 팔고 있었다.

그런데 사신 행렬이 도착하자, 고려보 사람들은 마치 개가 닭 보듯이 했다. 같은 조선 사람인데도 전혀 반기지 않았다. 내가 하도 이상하여 엿 파는 사람에게 그 연유를 물었다. 그러자, 그 자가 나를 비웃는 듯한 표정을 지으며 말했다.

"예전에야 고향 사람들 만나니 좋았지. 그래서 때로는 공짜로 밥도 주고 엿도 주고 술도 주곤 했어. 고향 소식을 들으니 반갑기도 하고 말이야. 하지만 친절에 돌아오는 것은 횡포였어. 술 먹고 술값 안 내고 도망가는 놈, 동향 사람이라며 그릇 빼앗아가는 놈, 심지어 감쳐 둔 물건들을 훔쳐가는 놈, 정말 무뢰배가 그런 무뢰배가 없더군. 그 다음부터는 조선 사람만 보면 경계를 하고, 물건을 감추고, 미리 선금을 받고야 팔았지. 그랬더니 뭐 묻은 놈이 뭐 묻은 놈 나무란다고, 도리어 너희 할아비가 오셨는데 불친절하다며 땡깡을 부리는 거야. 그래서 이제는 조선 사람이라 하면 신물이 난다고. 너도 조선 사람이지. 쓸데없이 말 붙이지 말고 엿 먹으려면 먼저 값을 치러. 안 살 거면 꺼지고!"

엿 파는 사람이 손사래를 쳤다. 나는 창피해져 얼른 물러났다. 엿 사먹을 돈도 물론 없었지만.

비가 갑자기 쏟아졌다. 나는 박지원 나리와 근처 민가에 들어가 비를 긋고 있다. 그런데 웬 마부 하나가 헝겊 쪼가리로 거기만 가린 채 집으로 뛰어 들어왔다.

집 안에 있었던 사람들은 모두 놀라 소리를 쳤다. 부녀자들은 얼굴을 가리고 달아나기 바빴다. 주인이 화가 나서 왜 남의 집에 함부로 들어와 행패냐고 말하며 마부의 뺨을 때렸다. 그러자 이 마부는 말이 하도 굶어서 말 먹일 보리나 사볼 양으로 들어왔는데, 왜 때리느냐며 씩씩대더니 나가려다가 갑자기 욕을 하며 돌아서서 집주인의 가슴팍을 때려 쓰러뜨리고, 가슴을 발로 짓밟고 도망갔다.

집주인은 한참 후에나 일어나서 들어오더니 박지원 나리와 나를 동시에 노려보았다. 나는 몸둘 바를 몰라 고개를 숙이고 있는데, 박지원 나리가 조용히 말씀했다.

"못된 놈이 무례하게 굴어서 죄송하오. 대신 사과하겠소."

그러자, 집수인은 나리의 정중한 태도에 얼굴빛을 바꾸고 "그렇게 말씀하시니 제가 오히려 더 부끄럽습니다. 편히 쉬다 가십시오." 했다.

괜히 내가 집주인에게 잘못한 것 같아 고개를 들 수 없었다. 하지만 우리 같은 마부들은 옷도 많지 않아서 비에 젖으면 안 되기 때문에, 비가 오면 이 집에 들어와 행패를 부린 마부처럼 헝겊 조각 하나 걸치고 일하는 것이 다반사다. 그런데 막상 이 일을 겪고 보니 아무리 비가 많이 와도 옷을 걸치고 있어야겠다는 생각을 했다. 나 같은 마부도 사람이지 짐승은 아니지 않은가.

저녁이 되어 나리가 정 진사와 함께 점포에 들르셨다. 점포를 구경하더니 바람벽 위에 글 한 편이 걸려 있는 것을 보시고, 정 진사와 함께 베끼기 시작하셨다. 나는 촛불을 들어 글자가 잘 보이도록 시중을 들었다.

정 진사는 중간부터 우리 나리는 처음부터 베꼈는데, 글이 워낙 많아 한참이 걸려서 팔이 떨어져 나가는 줄 알았다. 다 베끼셨는지 주인에게 고맙다고 인사하시고 점포에서 나왔다. 나는 팔을 주무르며, 왜 그 많은 글들을 다 베끼셨냐고 물어보았다. 그러자, 나리는 "고국에 돌아가서 친구들에게 보여 주려고 한다." 하셨다.

무슨 글이냐고 묻자 나리가 말씀해 주셨다.

"호랑이가 양반을 질책[15]하는 내용인데, 그 글을 읽으면 하도 재밌어서 배를 움켜쥐고 웃다가 넘어질 것이고, 밥을 먹을 때 읽으면 입안에 있는 밥알이 튀어나올 것이며, 갓을 쓰고 읽으면 입을 하도 크게 벌리고 웃어서 갓끈이 끊어질 것이다."

나는 재삼 그게 다냐고 묻자, "이놈아, 그거면 됐지, 뭐가 더 필요하냐?"며 껄껄 웃으셨다. 참 웃기는 양반이다. 친구들 웃기려고 이리 고생을 하시다니.

7월 30일
맑음

북경이 점점 다가오고 있다. 아니 북경에 점점 다가가고 있다. 북경에 다가갈수록 거리는 성대해지고 볼 것이 많아졌다. 시장에 들렀는데 장난감을 파는 점포가 있었다.

작고 앙증맞은 장난감이 수천 가지나 되었다. 어떤 장난감은 하도 신기하고 정교하여 가격을 물으니, 은자 세 냥[16]이란다. 내가 일 년 벌어도 못 모을 돈이다. 입이 떡 벌어졌다.

7월 31일[17]
맑음

얼마 안 있으면 북경에 도착한다. 황제의 생신을 축하하러 가는 길이기에 생신 이전에는 반드시 도착해야만 한다.

날씨가 험하다고 멈출 수 있는 길도 아니고, 물이 막혔다고 돌아갈 수 있는 길도 아니다. 큰물을 만난 것이 부지기수였고, 죽을 뻔했다가 살아난 적이 한두 번이 아니었다. 큰물을 건너면 얼마 못 가더 큰물이 기다리고 있었다.

심지어 하루에 일고여덟 차례나 물을 건넌 적도 있었다. 정사 나리가 하도 서두르는 바람에 역참을 건너뛴 곳이 한두 군데가 아니었다. 역참에서 쉬어야지만 말도 먹이고 사람도 쉴 참을 얻는다. 더위와 폭우, 사람들은 병들어 갔고, 말들은 죽어 갔다. 나 또한 구토와 설사를 여러 차례 하였다.

사람들은 하나둘씩 정사 나리에게 불평불만을 토로했지만, 정사 나리는 요동도 하지 않으셨다. 나는 이편도 저편도 들 수 없었다. 몸이야 죽을 듯이 아팠지만, 몸보다는 걱정이 앞섰다. 그런데 얼마 안 있으면 북경에 도착한다.

도착지가 얼마 남지 않았다. 목숨을 무릅쓰고라도 반드시 가야 할 길이 있다. 가야지만 끝나는 길이 있다.

[15] 〈호질(虎叱)〉이라는 작품으로 열하일기의 명문장 중 하나이다.

[16] 은자 1 냥 = 엽전 1,100 닢

[17] 《열하일기》에는 기록되지 않은 날이다.

북경에서
열하로

이 장은 《열하일기》의 〈막북행정록〉에 해당한다. 원래 〈막북행정록〉은 8월 5일부터
시작되지만, 여기서는 구성상 8월 1일로 잡았다. 북경에서 열하까지는 420리 길인데,
사신단은 무박 5일의 강행군을 한다.

8월 1일
오후에 비가 오고, 밤에는 천둥 번개

드디어 북경에 도착했다. 압록강에서부터 계산하면 2030리를 온 것이다. 역참으로 치면, 서른 세 개의 역참을 지나쳐 왔다. 황제가 계신 곳이다. 장복이와 나는 서로 껴안으며 눈물을 흘렸다. 그동안 고생한 것이 주마등처럼 스쳐 지나갔다.

북경은 규모가 어마어마했다. 모든 건물이 컸고, 강가에 묶어 놓은 배들도 엄청났다. 큰 것만 헤아려도 십만 척은 된다고 들었다. 그 중 한 척에 올라 구경을 하는데 배 바닥이 미끄러워 넘어지는 사람이 한둘이 아니었다. 길에 나서니 수레와 말이 하도 많아서 걸을 수가 없을 정도였다.

점포의 크기도 이전에 봐 왔던 점포보다 열 배는 커 보였다. 궁궐로 가기 위해 영통교를 지났는데 다리가 높고 넓고 길어서 다리 밑으로는 배가 다니고, 위로는 수레와 말들이 정신없이 다니고 있었다.

돌로 지은 다리인데 사자 모양 석상이 수백 개가 앉혀 있었다. 거리는 모두 돌로 반듯하게 다듬어져 있었다.

사신단은 궁궐의 서관에 묵게 되었다. 박지원 나리도 감격에 겨운 듯 이곳저곳을 바라보고 만져 보고 맡아 보고 종이를 꺼내 뭐라고 끄적이셨다. 장복이가 나리의 자리를 정리했고, 나는 말을 마구간에 넣고 꼴을 얻어 듬뿍 먹였다.

8월 2일
맑음

간밤에 큰비가 오고 천둥 번개가 쳤다. 박지원 나리가 묵으신 서관은 간밤의 비바람으로 창호지가 찢어지고 바람이 차고 들어와 한뎃잠과 같았다 한다. 나리가 감기가 들어, 죽을 한 사발 마련해서 드렸지만 드시지 못했다.

아침나절에 관아의 문에 모였는데, 식량 배급이 있었다. 마당에는 온갖 곡식과 동물들이 가득 차 있었다. 지위에 따라 식량을 배급했는데, 박지원 나리가 받은 배급은 고기 반 근, 김치 네 냥, 식초 두 냥, 소금 한 냥, 쌀 한 되, 땔감 네 근이었다. 매일 이만큼씩 배급한다고 한다.

나는 장복이와 함께 나리의 배급물품을 옮겨 보관하였다. 그런데 나리는 배급물품을 다 받았는데도 자리를 옮기지 않고 무엇인가를 계속 적고 계셨다. 궁금해진 내가 무엇을 그리 열심히 적으시냐고 묻자, "각 지위에 따라 받는 배급품의 목록과 수량을 적는 것이다"고 답하셨다. 내가 왜냐고 묻자, 나리는 그냥 재미로 적으신다고 하셨다. 재미난 분이시나. 그래서 나도 재미로 나리에게 정사 나리는 얼마만큼 배급을 받으셨는지 여쭤 봤다. 나리는 씩 웃으며 기록을 살피더니 답하셨다.

"거위 한 마리, 닭 세 마리, 돼지고기 다섯 근, 생선 세 마리, 우유 한 동이, 두부 세 근, 메밀가루 두 근, 황주 여섯 병, 김치 세 근, 찻잎 넉 냥, 오이지 넉 냥, 소금 두 냥, 맑은 간장 여섯 냥, 단 간장 여덟 냥, 식초 열 냥, 참기름 한 냥, 후추 한 돈, 등유 세 그릇, 초 세 자루, 연유 석 냥, 고운 가루 한 근 반, 생강 다섯 냥, 마늘 열 통, 능금 열다섯 개, 배 열다섯 개, 감 열다섯 개, 말린 대추 한 근, 포도 한 근, 사과 열다섯 개, 소주 한 병, 쌀 두 되, 땔감 서른 근, 양 삼분의 일 마리."

나는 눈이 동그래져 놀라며 말했다.

"정사 나리가 혼자 그걸 다 어떻게 잡수십니까? 제가 매일 그만큼 먹다가는 배가 터져 죽겠습니다."

나리는 껄껄 웃으며 말씀하셨다.

"이놈아, 이걸 어찌 혼자 다 먹누. 신분이 높은 분에게 이만큼 주는 것은 아랫사람들에게 넉넉히 나눠 주라는 것이다. 많이 가져야 부자가 아니라 많이 나눠야 부자지. 정사 어르신이 이만큼 받으니까, 너 같은 놈들도 배를 곯지 않고 먹을 수 있는 게야."

나는 아하 하며 웃었다.

"오늘 밤에는 고기 좀 먹겠구나."라는 나리의 말씀에 군침이 돌았다.

8월 3일
맑음

아침나절에 나리는 장복이를 데리고 밖으로 나가셨다. 나는 말을 돌보고 이것저것 할 일이 남아 있어서 숙소에 있었다. 점심나절에 돌아온 장복이에게 밖에서 무슨 일이 있었느냐고 물었더니 벌개진 얼굴로 말을 꺼냈다.

"아이고, 나 창피해서 죽는 줄 알았다. 나리를 따라 당씨 어르신의 집에 들렀는데, 당씨 어르신은 관아로 가시고, 집 안에는 마님하고 아이들만 있었어. 그래서 나는 마당에서 기다리고 있는데, 그 집 하인들이 다짜고짜 나를 마님이 있는 곳으로 데려가는 거야. 그 집 노마님이 우리가 입고 있는 옷의 만듦새를 살펴보시겠다며, 옷을 벗으라고 하는데, 너도 알다시피, 우리는 홑겹 옷만 입고 있잖아. 벗으면 알몸이 드러나는 터라 벗을 수 없다고 하니까, 그러면 이리 와 보라고 하시더니, 하인을 시켜 나를 돌려가며 내 옷을 살피시는 거야.

아이고 미치겠더라고. 옷도 더러운 데다가 낡아서 이곳저곳 구멍이 났잖아. 도망도 못 가고 얼굴이 벌개진 채 한참을 시키는 대로 했더니, 수고했다며 술상을 차려 주시더라구. 내 살다 살다 이런 봉변은 처음이야."

나는 킬킬대고 웃었다. 그랬더니 장복이는 "술상을 차려 주면 뭐 하냐고, 나는 술은 입에도 못 대는데. 그래서 떡이나 몇 개 집어 먹고 왔지" 한다. 그러더니 장복이는 나도 나중에 그런 봉변을 당할지도 모르니까, 옷에 난 구멍이라도 잘 꿰매 입으라고 한다.

나는 깔깔대며 웃었다. 장복이도 따라 웃었다. 우리의 웃음소리는 점점 박지원 나리를 닮아간다.

8월 4일
맑다. 삼복더위처럼 찐다

아침 식사를 마치고 나리를 따라 유리창이라는 곳에 다녀왔다. 유리창은 온갖 물품들을 파는 곳으로, 특히 우리 나리처럼 책을 좋아하는 분은 반드시 들르는 곳이라 한다.

나리는 책방으로 들어가시고 나는 밖에서 기다렸다. 그런데 나리는 2층 난간에 서서 한참을 그대로 계셨다. 손에 책을 쥐고 있는 것도 아니었다. 마치 넋이 나간 사람처럼 서 계셔서 괜시리 걱정이 되었다.

나리가 밖으로 나오자, 나는 나리의 눈치를 살폈다. 나리는 나를 보시더니 뜬금없이 "너는 절친한 동무가 있더냐?" 하고 물으신다. 내가 고향에 몇 명 있다고 하니까 나리는 나를 쳐다보며 말씀하셨다.

"그래, 다행이구나. 오늘 유리창에서 주위를 돌아보았더니, 내가 아는 사람이 하나도 없더구나. 하물며 그 사람들이 나를 알아봐 줄 리도 없지. 그 사람들이 보기에 나는 낯선 복장에 낯선 얼굴로 서 있는 그냥 이방인에 불과하다는 생각이 들더구나. 만약에 세상에 태어나 수많은 사람 중 나를 알아봐 주는 사람 하나 없다면 그 얼마나 외롭고 불쌍한 인생이겠느냐.

사람들은 신분이 높고 처지가 좋은 사람에게는 아는 척을 많이 하지만, 그 사람이 신분이 낮아지고 처지가 곤란해지면 언제 그랬냐는 듯이 외면하지. 동무인 줄 알았더니 진짜 동무는 아닌 것이야. 내가 어떠한 처지가 되든, 거지가 되어 몰골이 형편없어져도 나를 알아보고 반기는 동무가 하나쯤 있다면 세상은 살맛 나지 않겠느냐."

나는 엉겁결에 "그렇겠지요." 하고 대답했다. 하지만 나리가 말한 동무가 나에게 정말 있는지는 잘 모르겠다. 나도 갑자기 나리처럼 외로워졌다.

8월 5일[18]

맑고 더움

새벽녘에 사람들이 분주히 오가는 발자국 소리에 놀라 잠을 깼다.

마두들은 밖으로 뛰쳐나가 무슨 일인지 수소문했다. 돌아와서 하는 이야기를 들은 후, 모두 공포에 빠졌다.

간밤에 오랑캐가 북경으로 쳐들어와 지금 북경이 난리가 났다는 이야기였다. 와락 눈물이 쏟아져 나왔다. 여태까지 죽을 고생을 하며 북경에 도착했는데, 이제는 고생 끝이라고 생각했는데, 조금 있으면 집으로 돌아갈 것이라고 믿었는데, 영락없이 죽을 신세가 된 것이다. 고향에 계시는 홀어머니를 생각하니 앞이 캄캄했다.

밖에 나가 보았다. 사신들이 왔다갔다 하는데 얼굴빛이 하얗고 모두들 공포에 떨고 있었다. 어떤 사람은 제 머리를 때리고, 어떤 사람은 가슴을 치고, 또 어떤 사람을 발을 동동 구르고, 어떤 사람은 자기의 목을 스스로 끊는 시늉을 하며, 이제는 목이 달아난다고 외쳤다.

나는 박지원 나리에게 가 보기로 했다. 나리가 묵는 곳에서는 회의가 한창이었다. 모두가 심각하게 이야기하고 고개를 끄덕이고 뭔가를 적고 있었다. 회의가 끝났는지 박지원 나리가 밖으로 나오셨다. 나는 성급하게 나리에게 물었다.

"나리 정말 오랑캐가 쳐들어온 것입니까? 이제 우리는 어찌해야 합니까?"

나리는 나에게 심각한 표정을 지으시더니 "네가 그걸 어찌 알았느냐? 지금 몽골군이 쳐들어와 우리 모두 죽게 생겼다"고 대답하셨다. 나는 바닥에 털썩 주저앉아 엉엉 울어 버렸다. 그러자 나리는 껄껄 웃으며 말씀하셨다.

"농이다, 농. 오랑캐는 무슨 오랑캐냐. 급히 열하로 오라는 황제의 명령이 계셨다. 그래서 너는 나와 떠나야겠다."

정말 나리는 못 말리는 분이다. 이런 상황에 웃음이 나오신단 말인가. 눈물을 닦으며 "그럼 오랑캐가 쳐들어왔다는 이야기는 거짓 소문인 거죠? 우리 죽지 않는거죠?" 하고 재차 물으니 "그렇다니까. 어서 준비하거라. 갈 길이 멀다." 하신다.

"장복이는요?" 하고 물으니 "장복이는 못 데리고 간다. 장복이는 북경에 머물러 있어야 할 게야." 하신다.

나중에 알아보니, 오 일만에 열하에 도착해야 했기 때문에 사신단의 숫자를 반으로 줄이기로 했다고 한다. 그리하여 일흔네 명만 떠나고 나머지는 모두 북경에 남아 있기로 했다. 남아 있던 마두들이 능금과 배를 사서 나눠 주며 잘 다녀오라고 손을 흔들었다.

장복이는 말을 붙잡고 슬퍼하며 꺽꺽대느라 말도 못했다. 박지원 나리가 그만 하라고 타이르자, 이번에는 내 손을 붙잡고 한바탕 눈물을 흘렸다. 나 또한 장복이만 남겨 두고 떠나려니 가슴이 아파 눈물을 흘렸다. 지금껏 고생하며 같이 왔는데, 이제 하나는 남고 하나는 떠나야 하는 생이별의 신세이다.[19] 홀어머니와 인사를 할 때에도 이토록 슬프지는 않았다.

나는 열하로 가는 박지원 나리가 조금 원망스러웠다. 나리는 사신으로서의 공식 임무도 없으니까, 그냥 북경에 남아서 편히 쉬시면 되는데, 굳이 따라나서는 그 마음을 이해할 수가 없었다. 남아 계셨더라면 나리를 모시고 이곳저곳 편하게 여행이나 다니면서 지낼 수 있었는데 왜 굳이 고생길을 따라가시는 걸까?

나는 조심스럽게 나리에게 물었다.

"나리, 북경에서 편안히 계시지 왜 따라 나서시는지요?"

나리는 나를 불쌍한듯 쳐다보시며 자상하게 일러 주셨다.

"왜 나라고 그런 생각을 하지 않았겠느냐. 아직 여독도 풀리지 않았고, 북경에는 볼 것들도 많아서 남아 있고 싶었다. 하지만 정사 어른이 말하더구나. '북경까지 와 본 조선 사람들은 넘쳐 나지만 열하까지 간 사람은 여태껏 단 한 명도 없었다. 만약에 귀국하여 열하가 어떻더냐고 묻게 된다면 어찌 대답할 것인가? 이번 열하 여행은 천 년에 한 번 만나는 좋은 기회라 꼭 가야할 걸세.' 내게는 천 년에 한 번 만나는 좋은 기회라는 말이 귀에 쏙 들어왔다. 너 또한 조선 사람으로는 열하를 처음 가는 사람이니, 평생 못해 볼 경험을 하는 것이다. 고생스럽더라도 힘내자꾸나."

사실 나는 발이 퉁퉁 붓고, 온몸이 만신창이라 나리를 제대로 못 모실까봐 너무도 걱정이었다. 하지만 나리의 말을 들으니, 아랫배에 힘이 생기는 것 같았다. 조선에서 처음! 나 같은 미천한 사람도 조선에서 처음이 될 수 있는 것이다.

나리는 말 위에서 골똘히 생각하며 가셨다. 행여나 방해가 될까 봐 나는 말고삐를 잡고 말없이 걸어갔다. 아침 일찍부터 난리를 쳐서인지 졸음이 쏟아졌다. 성문 밖을 나서 앞서 간 수레바퀴를 따르며 종일을 걸었다. 그러다가 수레바퀴 자국이 사라지더니 앞에 수수밭이 좍 펼쳐졌다.

길을 잃은 것이다. 길은 질척질척하고 앞은 내다볼 수도 없었다. 겨우겨우 행렬을 찾아 숙소에 도착하니 한밤중이었다. 열하로 떠나는 첫날부터 수십 리 길을 둘러서 온 것이다. 앞으로가 막막하다.

8월 6일
정오 무렵 천둥 번개 침

잠도 거의 못 자고 새벽 어둑어둑할 때에 길을 나섰다. 수십 리 길을 가니 백하가 나왔다. 물살이 급하고 색깔이 누렇다. 중국의 강물은 이렇게 하나같이 누렇다. 조선의 강물은 이에 비하면 얼마나 맑고 깨끗한지. 박지원 나리에게 중국 땅의 강물은 왜 이토록 누런지 여쭤보았다.

"중국의 흙은 곱고 누런데 그 위로 강물이 흐르니 흙과 섞여서 그런 것이다. 강바닥이 단단하지 않고 진흙처럼 질척질척해서 건너기가 여간 어려운 것이 아니지. 배를 타고 건너야 할 텐데 어디 배가 있는지 좀 살펴보아라."

나리 분부대로 뱃길을 알아보니 배가 고작 두 척밖에 없었다. 그 배를 타고 건너려고 수백 대의 수레와 그보다 많은 말과 사람이 서 있었다. 이렇게 기다리다가 하루가 다 갈 것 같았다.

그때 우리 사신단의 역관이 배에 올라 이미 배에 타고 있는 사람들을 모두 내리라고 고함을 쳤다. 배 안에는 이미 가득 차 있었는데, 모두들 영문을 몰라 어리둥절해 있었다. 다시 역관이 고함을 치며, 조선의 사신단이 황제를 배알하러 가는 중이니 무엇보다 중한 일이다, 모두 내리라 했다. 불만이 터져 나올 법도 한데, 모두 고분고분 말 없이 내렸다.

나는 나리를 모시고 배 한 켠에 자리를 잡았다. 이 큰물을 배를 타고 건넌다고 생각하니 안도가 되었다. 그런데 아뿔싸, 배가 떠나자 미끄러운 바닥에 말이 놀라 펄쩍 뛰었다. 자칫하다가는 말이 강물에 빠지게 된다. 나는 얼른 말고삐를 바투 잡고 말을 진정시키려 하였으나 말은 더욱 놀라 펄쩍펄쩍 뛰었다. 나는 있는 힘껏 말머리를 잡았다. 그러자 놀란 말이 앞발을 들더니 내 발등을 그 커다란 발로 찍어 내렸다.

"으악!"

순식간의 일이었다. 말발굽이 발등을 짓이겼다. 쇠굽이 발등을 파고 들어왔다. 살갗이 찢기고 피가 터져 나왔다. 나는 혼절하였다. 다른 마부가 말을 진정시키지 않았다면 배 위에 여러 사람이 다칠 뻔 했다고 한다.

나는 잠시 후 깨어났다. 박지원 나리는 나를 근심스레 내려다보고 계셨다. 발을 만져 보니 발등이 퉁퉁 붓고 누군가 묶어 놓은 헝겊에는 피가 흥건하게 고여 있었다. 열이 나서 견딜 수가 없었다. 북경을 떠난 지 이틀밖에 안 지났는데, 이 몸으로 어찌 나머지 길을 갈 것이며, 나리를 어떻게 모실지 하늘이 캄캄해졌다. 나리도 걱정이 되는지 혀를 끌끌 차셨다. 이때 장복이라도 있었으면 얼마나 좋을까? 북경에 남아 있는 장복이 생각이 간절해졌다.

강을 건너 밀운성으로 가는 길에 갑자기 심한 바람이 불고 우레가 쳤다. 큰비가 내릴 징조다. 나는 절뚝거리면서도 급히 말을 몰아 가까이에 있는 오래된 사당으로 들어갔다. 다리가 끊어질 듯이 아파 왔다.

이미 많은 사신단 행렬이 들어와 비를 긋고 있었다. 나리는 사신들이 빨리 열하에 갈 수 있도록 건장한 말을 구할 수 있는지 사람을 시켜 물어봤다. 돌아오는 대답은, 그런 말은 구할 수 없을 뿐더러, 설령 구할 수 있다 하더라도 너무 빨리 달려서 사신들이 낙마하여 떨어지기 십상이니 그냥 타고 오신 말을 타고 가시라고 했다.

비가 잠시 그치자 즉시 출발하였다. 길을 가는데 만주 사람이 사신단을 가로 막으며 가지 말라고 한다. 이유를 물은 즉, 오 리쯤 가면 시냇물이 엄청 불어서 건널 수 없다 한다. 그래서 자신들도 되돌아오는 길이라며. 물이 얼만큼 불었냐고 묻자, 자신의 채찍을 들어 머리 위로 쳐든다. 아이고 죽었구나 생각이 들었다.

사신단도 엄두가 안 나는지 비를 맞아 축축 늘어진 옷을 털며 못 간다고 손사래를 친다. 눈앞에 보이는 빈 건물로 들어가 대책을 세우기로 했다.

나리를 모시고 건물로 들어갔다. 멋진 건물이었지만, 사행 길이 고단해서인지 나리는 평소처럼 호기심을 보이지 않으셨다. 다만 덜덜 떠실 뿐이었다. 나도 나리처럼 덜덜 떨었다. 뱃속에서는 꼬르륵 소리가 연달아 들려왔다.

청나라 관리 한 분이 여기서 있다가는 아무런 방책을 마련할 수 없으니 밀운성까지 돌아가야 한다고 말했다. 힘겹게 밀운성에 도착하니 이미 날은 저물고 묵을 곳을 찾을 수 없었다. 관리가 이 집 저 집 수백 번 문을 두드리고서야 문 하나가 열렸다. 너무 늦은 밤에 문을 두드리니 주인이 놀랄밖에.

청나라 관리는 사정을 이야기하고 사신 행렬을 안으로 들게 했다. 사신 행렬이 갑자기 들이닥치자 집에 있는 사람들은 모두 경악했다. 나는 나리를 쳐다보았다. 나리는 주위를 쭉 둘러보시더니 피식 웃으셨다.

"나리, 모두 굶주림과 추위에 떨고 있는데, 웃음이 나오십니까?"

"창대야, 너도 한번 우리 모습을 둘러보아라. 지금 이 집안 사람들이 놀라는 것은 너무도 당연할 일. 우리는 우리가 조선 사람인 줄 알고 있지만, 저들이 보기에는 우리의 행색이 너무도 낯설 것이다. 이상한 모자를 쓰고 있고, 옷은 가지각색이고, 게다가 너의 행색을 보니 가슴은 풀어 헤치고 얼굴은 새까맣고 옷은 해지고 찢어져 볼기짝이 다 보이고. 저들이 보기에 이상한 오랑캐들이 떼로 몰려와서 난리를 치고 있다고 생각하지 않겠느냐? 또 서로 물을 때는 '냐냐' 하고 때로 '까까' 하고, 이에 답할 때는 '네네' 하고, 더러 '네~이' 하니 모두 다른 나라 말을 하는 듯 들리지 않겠느냐? 이러한 모습을 저 사람들이 보고 있다고 생각하니 웃음이 나올밖에. 저들이 기절하지 않은 것이 차라리 천만다행이라 할 수 있지."

아, 나리의 상상력은 도대체 어디까지 일까? 저 웃음은 도대체 언제 끝나는 것일까? 내 입에서도 나리를 따라 헛웃음이 흘러나왔다. 웃을 때마다 발은 더 아파 오고 배는 더 고파 왔다.

"나리 때문에 제가 죽겠습니다요. 이제 그만 웃기세요."

"지금 우리가 할 일도 없는데, 웃기라도 해서 시간을 보내야지. 아니면 이 배고픔과 추위를 어찌 이겨낸단 말이냐? 안 그러냐?"

졌다. 나는 두 손 두 발을 다 들고 말았다.

배고파 죽기 직전인데, 역관 한 명이 밀운성에서 음식을 보내 왔다고 고했다. 나는 속으로 만세를 불렀다. 그런데 정사 나리는 우리에게 음식거리가 있는데, 음식을 함부로 받을 수 없으니 성의는 고마우나 물리라고 말씀하셨다.

그냥 받으시면 되지, 언제 불을 때고 음식을 만들 것인지 너무도 걱정이 되었다. 하지만 정사 나리는 함부로 음식을 받는 사람은 엄벌에 처하겠다고 호통을 치시고 가지고 온 음식을 도로 가져가라고 명하셨다. 그 또한 뇌물이라며, 나랏일을 맡은 사람은 한 치라도 부끄러운 짓을 하지 않아야 한다며.

모두들 아쉬운 표정이었지만 어쩔 수 없었다. 한참이 지났는데도 밥 소식이 없었다. 알아본 즉, 땔감이 모두 젖어 밥을 지을 수조차 없다고 했다. 오늘은 글렀다는 생각이 들었다. 이럴 때는 차라리 자는 것이 낫다. 다른 이들도 먹는 것을 포기하고 모두 여기저기에 쓰러져 코를 골고 있었다. 나도 말고삐를 다리에 묶고 말 아래서 잠을 청했다.

8월 7일
아침녘에 비. 맑음

아프고 춥고 배고픈 설움은 겪어 보지 않은 사람은 모를 것이다. 아침에 겨우 일어났지만 몸 한쪽 꿈쩍할 수가 없었다. 사신 행렬은 급히 떠나야 하니, 나같이 미천한 자까지 챙길 수도 없다. 나리조차 천천히 알아서 오라며 말을 달려 가셨다.

갑자기 비참해졌다. 나리를 모시고는 못 갈망정 짐이 되지는 말아야 하는데, 이제 영락없는 짐 신세가 되었다. 나는 나중에 떠나시는 부사 나리의 가마를 붙잡고 나를 버리지 마시고 데리고 가 달라고 눈물로 호소했다. 부사 나리는 나를 불쌍히 쳐다보시더니 알아보겠다며 떠나셨다. 이어 서장관 나리에게도 눈물을 흘리며 하소연했다.

서장관 나리는 어떻게든 해 보겠다시며, 머물지 말고 어떻게 해서든지 뒤를 따르라고 말씀하셨다. 나는 다리를 질질 끌고 가다가, 다리가 풀려 기어서 사신 행렬을 따라갔다. 지나가던 비장 한 분이 나의 딱한 처지를 보고 자신의 말에 태워 주셔서 간신히 사신 행렬을 따라갔다.

그렇게 한참을 가니, 박지원 나리가 기다리고 계셨다. 나는 눈물이 와락 쏟아졌다. 나리는 나에게 돈 이백 닢과 청심환 다섯 알을 주시고 어디서든 나귀를 세내어 뒤따라오라고 하셨다. 돈도 돈이거니와 귀한 청심환을 다섯 알이나 주시는 나리의 고운 마음씨에 눈물이 멈추지 않았다.

겨우 나귀 한 마리를 세내어 타고 고생 고생하여 고북구에 도착했다. 오는 길에 물길을 아홉 번이나 건너야 했다. 날이 저물어 한치

앞도 보이지 않는데 나귀에 의지하여 물길을 건너면서 천지신명께 제발 살아서만 조선에 돌아갈 수 있게 해 달라고 빌고 또 빌었다. 박지원 나리 또한 이 위험한 물길을 마부도 없이 혼자 건너셨을 것[20]이라 생각하니 쥐구멍이라도 찾아 들어가고 싶은 심정이었다.

강물을 건너고 건너 길을 따라 가니 거대한 장성이 앞을 탁 막고 서 있었다. 고북구였다. 겨우 숙소를 찾아가 찬밥 덩어리를 얻어먹고 박지원 나리를 찾았으나 행방이 묘연했다. 주위 사람에게 물으니 식사를 하시고 곧장 밖으로 나가셨다고 한다.

나리를 뵈어야 한다는 생각에 아픈 몸을 이끌고 숙소 밖으로 나와서 나리를 기다렸다. 한참이 지나서야 나리가 숙소로 오셨다.

"나리, 이 야심한 밤중에 어디를 다녀오십니까?"

"창대야, 무사히 왔구나. 다행이다. 내가 네놈 때문에 고생이란 고생은 다했다. 덕분에 이제는 너 없이도 제법 말을 잘 몰 수 있게 되었구나. 그건 그렇고 이 춥고 야심한 밤중에 들어가 쉬지 않고 왜 나와 있느냐?"

"나리가 걱정이 돼서 잠이 와야 말이지요."

"그놈, 말은 기특하게 하는구나. 내 걱정은 할 필요 없다. 나는 지금 만리장성 밖에 홀로 나갔다가 장성 벽돌에 글귀 하나 남기고 오는 길이다."[21]

"나리 죄송합니다요. 제가 모셔야 되는데, 제 몸이 이러해서."

"됐다. 어디 네가 잘못해서 그런 것이냐. 그나마 여기까지 따라왔
으면 됐다. 들어가 쉬어라."

"네, 나리. 감사합니다. 이 은혜는 죽어서도 잊지 않겠습니다요."

"허허, 그놈 참. 춥다. 들어가자."

8월 8일
맑음

어제는 노새를 빌려서 고북구까지 올 수 있었으나, 오늘은 그나마도
빌릴 수 없으니 앞으로 어찌 나리를 모시고 가야 할지 앞이 캄캄했
다. 아픈 다리를 만져 보았으나, 어제보다 증세가 더욱 심했다.

걸어서는 한 걸음도 옮기지 못했다. 나는 기다시피 나리를 쫓아
가며 고갯마루까지는 올랐으나, 더 이상은 따라갈 힘조차 없었다. 나
는 엉엉 울기 시작했다. 이를 딱하게 여긴 부사 나리와 서장관 나리
께서 주변의 하인에게 짐이 가벼운 수레가 있으면 나를 싣고 따라올
수 있겠냐고 물었지만, 하인들은 북경을 떠날 때 인원은 반으로 줄었
으나 짐은 조금도 줄이지 못해, 말들도 지금 죽기 직전이라면서 고개
를 절래절래 흔들었다. 그러고는 그냥 지나쳐 갔다.

이제는 진짜 죽었구나 싶었다. 그때였다. 청나라의 제독이 사신
행렬을 뒤따르다 나를 발견하더니, 손수 말에서 내려 나를 위로하고
한참을 함께 있다가 오가는 수레를 세내어 나를 태우고 뒤를 따르게

했다. 나는 청나라 사람을 '되놈'이라 생각하여 그들은 짐승과 다름없다고 생각했는데, 지금 이토록 은혜를 입고 보니 청나라 사람들이 달리 보였다.

심시어는 아플 때는 잘 먹어야 빨리 나을 수 있다면서 친히 음식을 권했다. 나는 너무도 고마워 하염없이 눈물을 흘렸다. 입으로 들어가는 음식들이 눈물에 젖어 축축해졌다. 제독 나리는 나를 측은히 여기고, 자신의 노새를 나에게 빌려 주며 말했다.

"이 노새는 튼튼하니, 금세 네가 모시는 분에게 갈 수 있을 것이다. 주인어른을 만나거든 이 노새를 지나가는 수레 뒤에 묶어 두거라. 모두가 내 노새임을 알기 때문에 함부로 다루지 못할 것이다. 나는 천천히 따라가다가 내 노새를 찾을 것이니, 걱정하지 말고 가거라."

나는 너무도 놀라워 수백 번이나 고개를 숙이며, 감사하다고 인사를 했다. 노새에 올라타니 노새가 바람을 가르듯 달리기 시작했다. 나는 너무도 신이 나서 다리가 아픈 줄도 모르고 열심히 달렸다.

한참을 달리니 멀리 박지원 나리가 보였다. 나는 나리 일행 가까이까지 가서 노새에서 내려 제일 뒤쪽 수레 끝에 노새를 묶었다. 제독 나리가 쉽게 찾을 수 있도록.

노새를 타고 와서 그런지 발이 그럭저럭 움직일 만했다. 나는 박지원 나리 곁으로 갔다. 나리는 깜짝 놀라시며,

"아니 창대야. 어떻게 이렇게 빨리 따라 왔느냐? 다리는 괜찮은 거냐?"하고 물으셨다. 나는 그간의 자초지종을 나리에게 고했다. 그랬더니 나리는 감동한 표정으로 말씀하셨다.

"참 고마운 어르신이구나. 그렇게 하인들에게까지 자상한 관리들이 있으니 청나라가 이토록 장성한 것이다. 나는 오늘 큰 나라의 풍모를 배웠구나. 나라의 크기는 땅덩어리에 있는 것이 아니라 그 나라 사람들의 마음 크기에 달려 있느니."

나는 절로 고개가 끄덕여졌다.

나리를 따라 견마를 잡으며 어느 산골짜기 안으로 들어갔는데, 갑자기 '어흥' 하는 호랑이 소리가 두서너 번 들려왔다. 사신 행렬은 일제히 멈추어 서서, 그보다 더 큰 소리로 고함을 마주 질렀다. 산골짜기가 사신 행렬의 고함으로 진동하는 것 같았다.

다시 걸음을 옮겨 앞으로 나아갔다. 얼마쯤 가다가 나는 주위를 돌아보았다. 나흘 밤낮을 제대로 자지 못해서인지 사신단 나리들뿐만 아니라 마부들과 하인들도 아주 녹초가 되어 있었다. 심지어는 거리에 서서 잠을 자는 하인들도 보였다. 박지원 나리를 올려다보았더니 나리도 잠이 오는지 계속 하품을 하셨다.

"나리 힘드시지요. 먼 길에 제대로 주무시지도 못하고."

"나는 지금 맹세했다."

"뭘 말입쇼?"

"내가 장차 고국으로 돌아가 집에 도착하면 천 일 하고도 하루를 더 잘 것이다. 송나라의 어떤 사람은 천 일을 잤다고 하는데 나는 그분보다 하루를 더 잘 게야. 그때 내 코고는 소리는 아마도 천하 영웅들의 섯가락을 모두 떨어뜨릴 만큼 웅장할 것이고, 미인들이 그 소리를 듣고 수레를 타고 달아나도록 만들 것이다."라고 말씀하시며 아주 크게 하품을 하셨다. 나도 덩달아 하품을 하며 웃었다. 졸린 눈에서 눈물이 흘렀다.

밤이 깊어 숙소에 도착하니, 밥이고 뭐고 자고만 싶어졌다. 하지만 잘 먹어야 빨리 낫는다는 청 제독 나리의 말이 떠올라, 밥덩이를 한움큼 집어 꾸역꾸역 입으로 밀어 넣었다. 반찬도 없이 먹었으나 그 맛은 꿀이었다.

8월 9일
맑음

나리와 길을 나섰는데 난하가 앞을 가로막고 있다. 우리 사신단 행렬뿐만 아니라 수많은 행렬이 이 강물을 건너기 위해 줄을 서 있었다. 강가에는 단지 작은 배 네댓 척밖에 없었다. 이대로 가다가는 육칠 일이 지나야 건널 수 있다는 말을 듣고 사신단 나리들은 모두 초조해했다. 그런데도 박지원 나리는 태평하게 나를 향해 한마디 하신다.

"창대야, 내가 말이다. 너 없이 말을 타면서 말을 타는 방법에 대해서 연구를 해 봤다. 한번 들어 보련?"

기다리는 것밖에 달리 할 일도 없어서 말씀해 달라고 청했다.

"우리나라 사람들이 말을 잘 못타는 것은 여덟 가지 이유 때문이란다.

첫째, 양반들이 말을 몰기에는 옷소매가 너무 넓고 길어 고삐를 잡고 채찍질하기 거추장스럽다.

둘째, 그래서 너 같은 마부를 시켜 말고삐를 잡으니 말은 마부 때문에 항상 한쪽 눈이 가리워지는 형세가 된다.

셋째, 마부들은 자신이 편한 땅을 밟느라 말을 한 구석으로 몰아넣는다. 그래서 말들은 마부들에게 화가 난다.

넷째, 이렇게 말이 늘 온전히 보지 못하고 불편하게 걷다가 발굽을 헛디뎌 넘어지면 말의 책임인 양 채찍질을 당한다.

다섯째, 말안장이 너무나 무겁고 성가시며 잔등에 또 사람 하나를 태우는 것도 어려운데, 입으로는 또 마부를 매달고 있으니 늘 기운이 달려 고꾸라질 판이다.

여섯째, 재갈이 물려 불편하고 채찍질을 피하기 위해 어쩔 수 없이 말은 목을 비틀어 옆걸음을 치게 된다. 말은 본래 목을 똑바로 세우고 앞걸음으로 가야하는데 그렇게 가지 못한다.

일곱째, 말은 한쪽 허벅지만 채찍을 맞아 한쪽만 아프다. 잘 걷는데 느닷없이 채찍을 맞으니 놀라 태운 사람을 떨어뜨릴 수도 있다.

여덟째, 고삐의 길이가 적당해야 하는데 우리 고삐는 너무나 길다. 싸움터에 나가면 너무 거추장스럽다.

사정이 이러하니 아무리 명마라도 마침내 일찍 죽고 마는 것이다. 어떠냐, 내 생각이?"

박지원 나리는 아무리 힘든 상황에서도 관찰과 생각을 멈추지 않으신다. 나는 하룻밤에 강을 아홉 번 건너며 고작 목숨만 살려달라고 빌고 빌었는데, 나리는 그 사이에 참으로 많은 것을 느끼고 생각하셨구나 생각하니 양반이 다르기는 뭔가 다르구나 하는 느낌이 들었다.

하지만 말에 대해서 말하자면 나도 할 말이 많은 사람이다. 내가 말을 돌본 지도 어언 10년이 넘었다. 어렸을 때부터 얼자(孼子)의 자식으로 태어나 천한 신분으로 일을 하며 지내야했다.[22] 그래서 말을 키우는 곳에 보내져 그곳에서 자랐다. 말과 더불어 자랐다고 해도 지나치지 않다. 말은 나의 친구와 다름없다. 그래서 나는 외람되이 대답을 하였다.

"쇤네 생각을 말씀 올리자면, 이렇습니다. 제가 말을 돌보면서 살펴본 즉, 말은 본래 넓은 목초지에서 뛰어놀 때가 가장 행복해 보였습니다. 그러다가 튼튼해져서 사람을 태울 정도가 되면, 말굽에 쇠를 박아 말굽이 쉬 닳지 않게 하고, 화려하고 무거운 안장을 채워 장식을 하고, 고삐를 채워 일정한 방향으로 달리도록 훈련시킵니다. 그래서 잘 훈련된 말만 선별하여 나리와 같은 분들이 탈 수 있도록 하는 것이지요.

나리도 말의 입장에서 말씀하셨으니, 저도 말의 입장에서 말씀을 드리자면, 말이 태어날 때 어찌 사람을 태우기 위해서 태어났겠습니까요. 그저 사람에게 잡혀 사람에 맞게 길들여진 것이지요.

이번 사신 행렬을 따라 오는 길에 죽어 가는 말을 수없이 보며 소인은 마치 제가 죽는 것 같은 느낌이 들었습니다요. 저는 말들과 너무도 오래도록 있어서 이제는 제가 말인 듯, 말이 저인 듯 착각할 때가 있습니다요. 그러니 말이 일찍 죽는 이유는 인간에게 잡혀서 길들여졌기 때문입니다요. 만약에 잡혀 길들여지지 않았다면 자신의 생명을 누리며 행복하게 살았겠지요."

내 말을 가만히 듣던 나리는 나를 바라보며 말씀하셨다.

"네 말이 옳구나. 나는 내가 말의 입장에서 본다고 보았는데, 너처럼 생각하지는 못했다. 말은 본디 자유롭게 달리고 새끼를 낳고 행복하게 살려고 태어났지, 인간에게 잡혀서 길들여지고, 채찍질 맞고, 자신이 원하지 않는 방향으로 가려고 태어난 것은 아니지. 네 생각에 따르자면 명마는 잘 길들여진 말이 아니라 자유로운 말이겠구나. 아이쿠, 내가 한참을 더 배워야겠다. 네가 말에 대해서는 나보다 한 수 위로구나."

나리의 반응에 화들짝 놀라서 얼굴을 붉히며 고개를 떨구었다.

괜한 말씀을 드렸구나 생각이 들었다. 내가 지금 어느 안전이라고 함부로 입을 놀리고 있단 말인가. 하지만 속 깊은 곳에서는 나리가 내 말을 인정하고 받아들이시는 것에 적잖이 감동하였다. 역시 내가 좋은 나리를 모시고 있구나 하는 지부 심이 일었다.

청나라 관료들의 도움으로 남들보다 먼저 배에 오를 수 있었다. 난하를 건너니 열하가 얼마 남지 않았다는 기별이 전해졌다. 사신 행렬이 난하를 건너자 청나라 환관들이 사신 행렬을 살피러 달려왔다가 급히 돌아갔다. 황제에게 보고하기 위해서 그러는 것이다. 얼마쯤 가자 다른 환관이 달려와서 태학에 묵으라고 전달하고 또 급히 돌아간다.

열하가 얼마 남지 않았다는 소식은 나의 긴장을 풀어 버렸다. 갑자기 오한이 나고 다리에 힘이 들어가지 않았다. 그런 나를 보던 나리가 가던 길을 멈추고 말에서 내리셨다. 그러더니 갑자기 나더러 말을 타라고 하셨다. 나는 송구하여 어찌할 바를 모르는데, 나리는 한 번 더 나에게 말씀했다.

"말에 올라 타거라. 네가 건강해야 나도 편안하다."

나리의 말씀에 눈물이 쏟아졌다. 나는 말에 올랐다. 나리는 나를 말에 태우더니 담요를 꺼내 내 몸을 둘둘 마셨다. 그러더니 끈으로 나를 묶으셨다. 오한으로 떨리던 몸이 온기를 느끼자, 피곤이 몰려왔다. 나리는 나를 태우고 몸소 말을 모셨다.

나는 타고 나리는 걷고. 상상도 못할 일이 지금 벌어지고 있었다. 한참이 지났나 보다. 나리가 나를 깨우신다. 나도 모르게 깊은 잠에 빠져 있었던 것 같다.

"일어나라, 열하다. 우리가 드디어 열하에 도착했구나. 너도 조선에서 열하 땅을 밟은 최초의 사람이다."

최초의 사람. 나 같은 사람도 최초의 사람이 될 수 있다. 문제는 용기이다. 최초의 사람이 될 수 있는 용기. 나는 나리의 용기 덕분에 오늘 열하에 도착했다. 그래서 나는 최초가 될 자격이 없다고 생각한다. 나리를 만나지 않았다면 결코 최초가 될 수 없었을 테니까. 하지만 언젠가는 내 스스로 용기를 내어 최초가 될 수도 있을지도 모르겠다.

드디어 태학관에 도착하였다. 태학은 본래 청나라 학생들이 묶으며 공부하는 곳이라 한다. 그 크기며 규모가 웅장하다. 저마다 방을 잡고 짐을 풀었다. 나는 말을 마구간으로 옮기고 물을 먹이고 꼴을 주었다. 조선을 출발할 때에는 건장했던 말이 많이 마르고 지쳐 있었다. 나는 말 등과 목을 솔로 쓸어 주며 말에게 말했다.

"고맙다. 무사히 나리를 모시고 와서. 다행이다. 살아 있어서. 며칠 동안은 힘든 일이 없을 터이니 배불리 먹고 푹 쉬거라. 꼭 살아서 돌아가자꾸나."

이렇게 말하니, 꼭 내 자신에게 말하는 것 같았다. 나는 나를 살펴며, 고맙다, 다행이다 하며 스스로를 위로했다.

[18] 〈막북행정록〉이 시작되는 날이다.

[19] 장복이와 창대의 이별 모습을 보며 박지원이 쓴 '이별론'은 열하일기에서 명문장으로 손꼽힌다.

[20] 마부인 창대 도움 없이 박지원은 홀로 하룻밤에 강을 아홉 개나 건넌다. 이 경험을 담아 쓴 글이 열하일기에서 가장 유명한 '일야구도하기'이다.

[21] 만리장성 밖에 나가서 겪은 일화는 열하일기의 〈산정잡기〉 편에 '야출고북구기'라는 제목으로 기록되어 있다. 박지원의 다른 글이 다 그렇듯이 명문 중 명문이다.

[22] 열하일기(광문회본)에 따르면, "창대는 선천(宣川)사람으로 금남군(錦南君) 정춘신 (鄭忠信)의 얼손(孽孫)이다."라는 주석이 달려 있다. 얼손(孽孫)이라하면 양반집의 얼자(孽子, 천한 신분의 여자와 양반 사이에서 태어난 자식)의 자식이다.

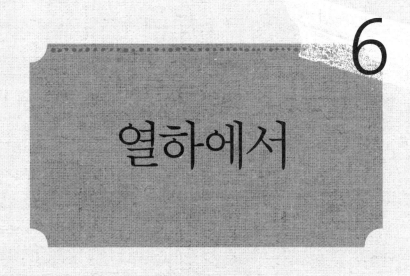

6

열하에서

이 장은 《열하일기》에서 〈태학유관록〉에 해당하는 6일 간의 이야기이다.

8월 9일

맑음

박지원 나리는 정말 대단하시다. 열하까지 오느라 녹초가 되셨을 텐데도 저녁 식사를 하신 후, 곧장 명륜당으로 가신다. 부리나케 뒤를 따랐다.

청나라 사법 기관의 우두머리인 윤가전 어르신이 계셨고, 옆방에는 귀주 안찰사인 기풍액이라는 분도 계셨다. 어떻게 아시는 분이냐고 여쭈었더니 열하에 오자마자 인사를 드리고 안면을 텄다고 한다. 사람 사귐이 번개와 같다고 말할 수 있다면 그 말은 바로 박지원 나리를 두고 하는 말일 것이다.

문 안으로 들어가지 못하고 문 밖에서 기다리고 있으려니, 안에서 웃음소리가 퍼진다. 꽤나 즐거우신가 보다. 그렇게 한참을 지난 후 나오시기에 무슨 일로 그리 즐거우셨냐고 여쭤 보니 허허 웃으며 말씀하셨다.

"청나라의 학문이 대단하기는 하지만, 막상 우리나라에 대해서는 착각하는 경우가 많더구나. 율곡 이이 선생과 월사 이정구 선생님을 혼동하여 율곡 이정구라고 잘못 기록하기도 하고, 월산대군의 이름이 정(婷)이어서 여자로 착각하기도 하더구나. 그래서 그런 점들을 알려 드렸더니 크게 웃으셔서 나도 따라 웃었단다."

숙소에 도착하니 밤 9시가 넘었다. 닷새 동안이나 잠을 제대로 못자서 그랬는지 모두들 곯아떨어져 있었다. 달빛은 고요한데, 나리는 숙소에 들어갔다가 술 한 병을 들고 나오신다. 달빛을 바라보며 술을 따라 드시더니, 나를 보며 빙긋이 웃으신다. 나는 영문도 모르는 채 따라 웃었다,

"창대야, 우리 좋은 구경하지 않으련?"

"아니, 이 밤중에 무슨 구경할 것이 있다굽쇼?"

"사람들 자는 모습을 구경해 보자꾸나." 하시더니, 자리를 털고 일어나셨다. 나도 따라 일어났다. 밖으로 나오니 장군부의 낙타들이 '할할'대며 울었다. 명륜당으로 다시 들어가 보니 청나라 제독과 통관들이 탁자를 마주 붙이고 그 위에서 자고 있었다. 나리는 혀를 끌끌 차며 말씀하셨다.

"아무리 되놈이라지만 공자님께 제사를 지내는 탁자를 붙여놓고 그 위에서 자다니, 공자님이 아시면 얼마나 노하실고."

행랑에 들어가 봤다. 역관과 비장들이 자고 있었다. 모두들 어찌나 고단했던지, 아랫도리도 가리지 않은 채 서로 끌어안고 엉켜 자고 있었다.

"창대야."

"네, 나리."

"코 고는 소리가 참 다양하지 않느냐?"

"제 귀에는 다 같은 소리처럼 들리는뎁쇼."

"이놈아, 귓구멍을 열어서 자세히 들어 보거라. 오른쪽에서 자는 역관은 호리병에서 물이 나오는 것처럼 '쪼르르륵' 코를 골고, 그 옆의 역관은 대패로 나무를 밀듯이 '빽빽'거리고, 그 옆에 역관은 남을 나무라듯이 '쯧쯧' 하지 않느냐. 그리고 저 비장은 뭔가 아쉬운 듯이 '쩝쩝'대고, 고 옆에 있는 비장은 풀피리 불듯이 '피리리리' 하지 않느냐. 소리만 다를 뿐 아니라 같은 장소에서 잠을 잔다 하더라도 다 다른 꿈을 꾸고 있을 게야. 같이 있지만 생각이 다른 사람들처럼. 어떠냐, 느껴지느냐?"

"나리 말씀을 듣고 들어 보니 과연 그런 것 같기도 하네요. 참 희한하네요."

"배움이 다른 곳에 있는 것이 아니다. 책 속에만 있는 것도 아니고. 우리가 살고 있는 바로 이곳에서 민감하게 느끼고 다양하게 생각하다 보면 뭐든 배울 수가 있지. 피곤한데도 밤늦도록 시중을 드는 네가 기특해서 특급 공부법을 알려 준 것이니, 매사에 눈을 크게 뜨고, 귀를 쫑긋 세우고 사물을 관찰해 보거라."

나는 하품이 나오는 것을 막지 못해 손으로 가리고 "네, 나리." 하고 대답했다. 그러자 나리는 "너도 피곤하겠구나. 어서 들어가 자거라. 나는 달이랑 놀아야겠다." 하며 뜰로 나가서 달그림자를 밟으셨다. 나는 나리의 체력에 경탄을 하며 숙소로 돌아와 잠이 들었다.

8월 10일
맑음

나리를 따라 관운장 사당에 갔다. 작년에 지어져서 그런지 울긋불긋한 단청이 현란하여 눈이 어지러웠다. 사방에 조각들이 새겨져 있었는데 사람의 솜씨라고는 말할 수 없을 정도로 정교했다.

사당에서 쉬고 있는데, 통관이 정사와 부사 나리만 궐 안으로 들어오시라고 전한다. 박지원 나리는 정사 나리의 자제군관이라며 따라 나섰다. 나는 사당에 머물며 나리가 돌아오시기만을 기다렸다.

한참 후에 나라가 돌아오셨는데, 얼굴에 웃음이 가득하다.

"나리, 무슨 좋은 일이라도 있으셨습니까?"

나리는 나를 보고 웃으며 말씀하셨다.

"있다마다. 내가 득룡이 넉살 덕분에 몽골 왕들을 만났구나. 나는 내가 사람과 사귀는 재주가 남다르다고 생각했는데, 득룡에 비하

9

면 새 발의 피더구나. 득룡이 놈은 아무나 만나면 읍하고 말을 거는데, 모두들 득룡이 놈과 친하게 말을 주고받더구나. 내 이럴 줄 알았으면 청나라 말을 좀 배울 것을 그랬다. 초정 아우[23]가 쓴 〈북학의〉를 보면, 중국말을 국어로 사용해야 한다고 써 있어서, 내가 좀 심허다고 생각했는데, 오늘 막상 까막눈이 아니라 까막입 신세이다 보니 그 심정을 이해하겠더구나."

점심을 먹으러 태학관으로 돌아왔다.

나리는 식사를 마치신 후, 왕민호 선생을 만난다며 부리나케 뒤쪽 별당으로 가셨다. 한참 후에 돌아오셨는데, 얼굴에 웃음이 가득 담겨 있었다.

"무슨 재미난 일이라도 있으셨습니까?"

"있다마다. 곡정(왕민호의 호)은 정말 재미난 사람이야. 그 사람을 만나 이야기를 나누면 시간 가는 줄 모르겠더구나."

"무슨 말씀을 나누셨는지요?"

"오호, 고놈. 하인은 주인을 닮아간다더니. 네가 요즘 질문이 부쩍 늘었구나. 좋은 징조다. 물음이 많다는 것은 알고 싶은 것이 많다는 것이고, 알고 싶은 것이 많으면 지식이 늘어가고, 지식이 늘어가면 세상을 다르게 보고, 삶을 다르게 살 수 있단다. 내 어디 너를 위해 말해 주랴?"

"네, 나리."

"좋다. 곡정과 나는 조선의 아름다움에 대해서 말했단다. 너는 조선의 아름다움이 뭐라고 생각하느냐?"

"이루 말할 수 없이 많지요. 멋진 산, 깨끗한 시냇물, 푸른 풀밭, 누렇게 익어 가는 논, 멋진 색깔의 말들, 아름다운 여인들."

"됐다, 됐어. 그렇게 열거하다가는 하루가 다 가겠다. 나는 네 가지를 이야기했지. 유교를 숭상하는 풍속, 홍수 날 염려 없는 지리, 소금과 생선의 자급자족, 한 남자만 섬기는 결혼 제도."

"결혼 제도요?"

"그래 일부종사하는 결혼 제도 말이다. 한 여인이 한 지아비를 섬기는 것이 아름답지 않으냐?"

"저 같은 놈이야, 좋은 배필 만나서 혼약이라도 하면 좋겠습니다. 저의 어머니 평생소원도 그것이고요."

"그렇겠구나. 중국에서는 혼인을 하고 혼례식을 치르기 전에 지아비 될 사람이 죽으면 여인은 평생을 혼자 살아야 한다는구나. 심지어 어린아이이거나 뱃속에 있는 아이끼리도 부모가 혼인을 정하면 그것을 바꿀 수가 없고."

"뱃속에 있는 아이들이 혼약을 한다굽쇼? 너무 심한데요."

"나도 그렇게 생각한다. 다음으로 곡정과 복식 제도에 대해서도 이야기를 나눴단다. 내가 우리 여인의 옷을 대충 그려 줬더니 아주 좋아하더구나. 그리고 한족의 전족에 대해서도 이야기를 했다. 너는 전족이 무엇인지 아느냐?"

"자세히는 알지 못하지만 한족 여인들이 발이 작아 보이도록 묶는 것을 이야기하는 거 아닌갑쇼?"

"맞다. 전족을 보는 네 느낌을 말해 보거라."

"아주 불편해 보였습니다요. 뒤뚱거리고 걷는 모습이 흉하기도 하고요. 하지만 청나라 여인들은 전족을 하지 않던데요."

"그래. 청나라뿐만 아니라 명나라에서도 전족을 금했음에도 한족 여인들은 전족을 계속했단다. 다른 민족의 여인들과 자신을 구분하기 위해서라고 하지만, 여간 불편한 것이 아니지. 곡정은 전족과 함께 상투와 담배를 세 가지 재액이라고 말했단다."

"상투와 담배도요?"

"그래. 상투는 명나라 태조가 도교 사원에 갔다가 도사의 망건이 맘에 들어 머리를 묶고 망건을 썼다는 데서 유래했다는구나. 머리를 죄다 그물 속에 가둬놓고 불편하게 묶으니 그것이 재앙이요, 담배는 피운다고 배부른 것도 아닌데, 문전옥답에다 곡식 대신 키우고 부인 아이 할 것 없이 쇠로된 담뱃대와 물로 입을 지지고 핍박을 하니 그것이 세 번째 재앙이라고 말하더구나."

"그래서 나리께서는 뭐라고 답하셨나요?"

"담배는 입의 종기를 낫게 하고 적당히 피면 화를 가라앉힌다고 했지. 그랬더니 담배에는 독이 있다고 피지 말라고 하더구나."

"그러면 상투는요?"

"내가 별 말이 없자, 그는 내 머리를 가리키며 웃더구나. 그래서 나도 앞은 삭발이고 뒷머리만 남겨 놓은 그의 머리를 가리키며 '이 번들번들한 머리는 또한 무슨 재액인가요?' 하고 묻자, 그는 참혹한 표정을 짓더구나."

"한 방 먹이셨네요."

"한 방 먹이긴, 그냥 웃자고 한 이야기지."

이렇게 이야기를 나누고 있는데, 군기처 대신이 황제의 명을 갖고 찾아왔다. 서번(티베트)의 성승[24]을 만나 보라는 전갈이었다. 황제의 명이 떨어졌으나, 불교를 배척하고 유교를 숭상하는 사신단은 불쾌한 표정을 지으며 난리를 폈다. 절대 불가하다는 말이 나오면, 예부에 물어야 한다는 말도 나오고, 황제의 명을 어긴다면 엄벌이 떨어질 것이라고 덜덜 떠는 사신들도 있었다.

박지원 나리는 이 모든 모습을 불구경하듯이 보고 있다가, 갑자기 나에게 말을 챙기라고 하시더니, 밖으로 나가 식사를 담당하는 건량청 마두에게 술을 사 오라고 말씀하셨다. 나는 당황하여 물었다.

"나리 어쩐 일이십니까? 사신들은 저리도 안절부절 못하고 있는데, 도망이라도 가시게요?"

그러자 나리는 껄껄 웃으시며 "도망은 아니고 귀양 갈 준비를 하는 것이다." 하고 말씀하시는 것 아닌가. 나는 더욱 당황해 물었다.

"귀양이라굽쇼. 나리께서 무슨 죄라도 지셨습니까?"

그러자 나리는 썰썰 웃으며 말씀하신다.

"내가 죄를 지은 것은 아니나, 지금 사신단의 대화를 듣다 보니, 황제가 화를 내기에 딱 좋겠더구나. 황제가 화가 나면 조선 전체에 책임을 물을 수는 없을 터, 분명 사신단을 귀양 보낼 것이다. 그러면 결국 사신들은 저 멀리 운남이나 귀주 쪽으로 귀양 가겠지. 그럼 나 혼자 돌아갈 수도 없는 입장이고, 나도 그들을 따라 남쪽으로 내려가다가 강남이나 서촉 땅도 밟을 수 있을 터이니 이 얼마나 좋은 기회냐. 내가 언제 강남땅을 밟아 보겠느냐. 그러니 너도 서둘러라."

내가 눈을 크게 뜨고 더욱 놀라니 나리는 빙긋이 웃으며 말씀하셨다.

"농이다, 농. 그렇게 간이 작아서야 어찌 내 마두를 하겠느냐."

"농이라도 그런 농은 하지 마십시오. 소인, 죽는 줄 알았습니다."

나는 철렁 내려앉은 가슴을 쓸며 말하였다.

저녁 식사를 마치고 나서도 사신단은 성승 알현에 대하여 밤 깊도록 회의를 했다. 박지원 나리는 밖에 나갔다 돌아오셨다. 사신단의 분위기는 침울하기만 한데, 나리는 천하태평이다. 밤하늘에 달빛이 대낮처럼 밝았다. 나리가 물으셨다.

"창대야, 저 달에 뭐가 보이느냐?"

"글쎄요. 토끼라도 있나요? 아니면 항아님이라도? 나리는 뭐가 보이십니까?"

"나는 가끔 그런 생각을 한단다. 내가 난간에 기대어 저 달을 보고 있는 것처럼, 저 달에도 나와 같은 사람이 있어 그도 난간에 기대어 우리가 살고 있는 곳을 바라본다면, 과연 우리는 어떻게 보일까? 저 빛나는 달처럼, 우리가 살고 있는 이곳도 빛날까? 저 달이 둥근 것처럼, 우리 세상도 둥글까? 저 달이 차고 이우는 것처럼, 우리 세상도 차고 기울까?"

내가 그리 오래 살지는 않았지만, 나리처럼 기이한 생각을 하는 사람을 처음 보았다.

8월 11일
맑음

거리에서 중들이 싸우는 모습을 보았다. 아주 얼굴이 잘생겨서 중노릇하기에는 아깝다고 생각했는데, 다른 중을 만나더니 얼굴이 붉으락푸르락해지면서 고함을 질러대고 싸우기 시작했다. 처음에는 말로 싸웠으나, 금세 치고받고 싸우는 모습이 가관이었다. 나중에는 상대방의 얼굴에 침을 뱉었다. 참 별나게 싸우는구나 싶었다. 싸움 구경은 언제나 신 난다. 하지만 주위를 둘러보니 구경하는 사람이 우리밖에 없다. 나리와 나도 멋쩍어 그냥 지나쳐 왔다.

시장으로 들어가려는데, 저쪽에서 코끼리 두 마리가 지나가는
것이 보였다. 나리와 나는 빨리 걸음을 옮겨 코끼리를 시척에서 볼
수 있었다. 덩치는 말의 다섯 배가 넘고 다리통도 굵어 둔하게 생겼
는데 걸음이 아주 민첩했다. 나와 나리는 신기하여 코끼리 가는 모
습을 한참이나 지켜보았다.

"어마어마합니다요, 나리."

"그러게 말이다. 내가 읽은 책에 따르면 덩치만 큰 것이 아니라
용맹하기가 범보다 무섭다는구나."

"에이, 설마요. 범이야말로 동물 중에 왕 아닙니까요."

"이놈이 속고만 살아왔나. 강희 시대에 남해자라는 북경의 동물
원에 사나운 범이 두 마리 있었는데 길을 들일 수 없자, 황제가 노하
여 이 범 두 마리를 코끼리 우리에 넣었단다. 그런데 코끼리가 놀라
저렇게 긴 코를 한 번 휘두르자 범 두 마리가 그 자리에서 꼬꾸라져
죽었다는구나."

"우와, 보기에는 순해 보이는 짐승인데, 나리의 말씀을 들으니 참
으로 무서운 짐승이네요."

"그런 무서운 짐승인 코끼리가 제일 무서워하는 짐승이 뭔지 아
느냐?"

"글쎄요."

"쥐란다."

"쥐요?"

"그래 쥐! 코끼리가 쥐를 만나면 어찌할 바를 모르고 멍하니 하늘만 보고 서 있단다."

"정말이요?"

"그래. 그러면 말이다, 창대야."

"네, 나리."

"범과 코끼리, 쥐 중에서 어느 동물이 가장 무서운 동물이냐?"

"그야…… 아이쿠, 나리 모르겠습니다요. 쥐라고 하려니까 쥐는 범을 무서워하고, 범이라고 하려니까 범은 코끼리를 무서워하고, 코끼리라고 하려니까 코끼리는 쥐를 무서워하니. 도대체 뭐가 정답입니까?"

"정답이 없다가 정답이다. 우리는 고작 우리가 아는 범위 내에서 우리의 지식을 자랑하지만, 그 반대 사례를 만나고 나면 어찌할 바를 몰라 당황한단다. 그런 일이 어찌 동물들 간의 관계 뿐이겠느냐. 사람들 사이에서도, 앎과 앎 사이에서도 그런 충돌이 일어난단다. 그러면 창대야. 어찌하면 좋겠느냐?"

"모르겠네요."

"맞혔다. 모른다는 것을 아는 것 그것이 참된 앎이다."

박지원 나리와 하는 대화는 끝나지 않았다.

"그런데 말이다, 창대야."

"네, 나리."

"넌 범이 왜 날카로운 이빨을 가졌다고 생각하느냐?"

"그야 먹이를 잘 물고 씹어 먹으라고 하늘이 주신 것 아닙니까요."

"그러면 창대야, 코끼리의 이빨은 왜 저렇게 길다고 생각하느냐? 코끼리의 이빨은 뭔가를 씹는 데는 아무 소용도 없지 않느냐."

"그렇네요. 대신 코끼리는 코가 있지 않습니까요."

"네 말은 코끼리는 이빨이 할 일을 코로 한다는 말이냐?"

"그런 셈입지요."

"그러면 태초에 조물주가 코끼리를 만들 때 저 불편한 이빨을 제대로 만들었으면 코가 길어질 필요가 없었겠구나."

"아이쿠, 나리. 모르겠습니다요. 머리가 지끈지끈하니 너무 어렵습니다요."

"사람들은 말이다. 학의 부리가 긴 것은 다리가 길기 때문이라고 한다. 그리고 만약에 닭에다가 학의 다리를 붙여 놓으면 닭은 필경 굶어 죽을 것이라 말하더구나. 하지만 세상 이치는 그렇게 쉽게 설명할 수 있는 것이 아니란다. 그러니 자신의 의견만 고집할 것이 아니라 사물들의 차이를 관찰하고, 변화를 잘 살펴야 하는 것이다. 알겠느냐?"

"아이고 쇤네, 도대체 무슨 말씀을 하시는지 도통 모르겠습니다요. 나리 말씀이 너무 어렵네요."

"그래, 오늘은 모른다는 것 하나만 배운 것으로 하자. 그렇지만 모른다는 것을 아는 것이 가장 중요한 공부란다. 공자님께서도 아는 것을 안다 하고 모르는 것을 모른다고 하는 것이 참된 앎이라고 말씀하셨으니까. 어여 가자 너무 떠들었더니 목이 컬컬하구나."

나와 나리는 시장통으로 들어섰다. 시장통으로 들어가자 과일가게며 술집이 즐비하다. 나리는 배 두 개를 사서 나에게 하나 건네주셨다. 배를 베어 먹으니 과즙이 달다.

배로 갈증을 달래며 거리를 걷는데 나리가 커다란 술집을 보자, 성큼성큼 걸어들어 가셨다. 나는 술 한 잔 입에 대지도 못하지만 나리를 따라 들어갔다가, 깜짝 놀라 그 자리에 서고 말았다.

몽골족과 회족 사람들이 삼삼오오 자리를 차지하고 앉았는데, 온 술자리를 다 차지하고 있는 것처럼 보였다. 그들은 술집에 들어온 나리와 나를 신기한 듯 쳐다보았다. 그들은 모두 사납고 추하게 생겼다. 나는 겁을 집어먹고 나리 뒤에 숨었다. 하지만 나리는 헛기침을 하면서 이층으로 성큼성큼 올라가셨다. 나도 얼른 따라 올라갔다.

자리에 앉자 술집 심부름꾼이 술을 몇 냥이나 마시겠냐고 물었다. 나리는 호기 있게 넉 냥을 시키셨다. 심부름꾼은 약간 놀라는 표정을 짓더니 술 넉 냥에 작은 잔 두 개를 가져와 탁자에 놓았다. 그러자 나리는 담뱃대로 작은 잔을 쓸어서 뒤집고는 큰 사발을 가져오라고 고함을 지르셨다. 그러고는 큰 사발에 술 넉 냥을 모두 따라 단숨에 들이키셨다. 주변에서는 모두 놀란 듯이 나리의 모습을 지켜보았다. 나도 놀랐다.

중국에서는 술을 마실 때 작은 잔에 따라 홀짝이는 것이 법인데, 나리는 호쾌하게 단숨에 드신 것이다. 나리는 다 드신 후 벌떡 일어나 나에게 "가자"고 외치셨다. 아마도 몽골족과 회족을 기선 제압하려는 의도 같았다. 효과는 만점이었다.

모두들 쥐죽은 듯이 나리의 모습을 지켜보다가, 갑자기 박수를 치면서 나리를 붙잡는 것이었다. 한 회족이 작은 잔에 석 잔의 술을 따르더니 나리에게 청하였다. 나리는 그 자리에 가서 그 석 잔을 모두 사발에 따라 또 단숨에 들이키셨다. 그리고는 그들에게 인사를 하고 더벅더벅 큰 걸음으로 계단을 내려가셨다. 나도 허둥지둥 나리를 따라 술집을 나왔다.

나와서 술집을 올려다보니 모두들 우리를 바라보며 크게 웃는 것이었다. 감탄하는 것 같기도 하고 비웃는 것 같기도 한 그 웃음소리를 뒤로 한 채 길을 걷는데, 나리가 한마디 하셨다.

"아이고, 오랑캐 때문에 등이 흥건하게 젖었네."

숙소를 돌아와 보니, 사신들은 모두 반선의 처소로 갔다고 한다. 나리는 서둘러 말을 몰아 반선이 머물고 있는 처소를 향해 갔다. 나도 나리 뒤를 달리다시피 하며 따라갔다.

한참을 갔을까 황금으로 장식한 궁궐이 눈에 들어왔다. 이 궁궐을 찰십륜포라고 하는데 황제가 거처하는 곳이 아니라 활불이라 부르는 중이 거처하는 곳이라 한다. 황제도 아닌 자가 이처럼 화려한 곳에 머무는 것이 이상하다고 생각했다. 중국은 금이 어디서 나서 궁궐 전체를 황금으로 장식할 수 있었을까? 기둥은 물론 기와도 황금으로 칠해져 있었다. 나는 너무도 놀라 나리께 물었다.

"중국은 참으로 부자인가 봅니다. 어디서 저렇게 많은 금을 구했을까요?"

"우리나라에서 왔다는구나."

"우리나라요? 말도 안 돼요. 우리나라처럼 작은 나라에서 저렇게 많은 금이 난다굽쇼?"

"그러게 말이다. 나도 말도 안 되는 이야기라고 중국인들에게 말했다만, 일전에 내가 압록강을 건너기 전에 평안도 박천군을 지나가면서, 사람들이 무리를 지어 가는 모습을 지켜보았단다. 거의 유랑민이나 다름없는 몰골이었는데, 모두들 나무바가지에 천으로 된 자루부대, 작은 끌 하나씩을 손에 쥐고 있었지. 어디를 가냐고 물었더니 강가로 금을 캐러 간다더구나. 끌로 땅을 파서 부대에 흙을 담아 바가지로 흙을 거르면 재수 좋으면 쌀알만 한 금이 나온다고 말하더라. 그래서 얼마나 나오느냐고 물었더니, 재수 좋으면 십여 알, 나쁘면 서너 알을 얻는단다. 그래서 금을 캐는 사람이 얼마나 되느냐 물었더니 무려 십여만 명이나 된다더라."

"그렇게나 많아요? 그럼 도대체 그 금은 다 어디로 간 걸까요?"

"글쎄다. 나도 모르겠다. 하지만 청나라에서는 우리나라가 금이 안 난다고 생각해서 공물 내역에서 금을 면제해 주었는데, 만약에 금이 난다는 사실이 밝혀지면 가장 먼저 금을 요구할 것이다. 나는 그것이 더 걱정이구나."

"사람들은 왜 그렇게들 금을 좋아할까요? 먹지도 못하는 물건인데."

"사치가 금을 조장하는 것이지. 가장 중요한 것은 백성을 풍성하게 먹이는 일인데, 쌀알보다 금알을 좋아하니……."

나리는 활불을 구경하러 찰십륜포로 들어가셨다. 나는 밖에서 말을 돌보며 기다리고 있었다. 한참 뒤에 나리와 사신단 어르신들이 문밖으로 나오셨는데, 하나 같이 기분 나쁜 표정을 짓고 계셨다. 그분들은 문밖에 소나무 그늘에 둘러 앉아 뭔가를 의논하고 계셨다. 내가 나리께 다가가 물었다.

"나리 무슨 일이 생겼습니까?"

"생기다마다. 활불이라 불리는 반선이 사신단에게 작은 금불상들을 주었는데, 이것을 어찌 처리할 줄 몰라 저리들 안절부절 못하는 게다."

나리는 조용히 귀띔해 주셨다. 나는 아무 생각 없이 물었다.

"그럼 선물로 받은 것을 가져다가 유용하게 쓰면 되지, 무슨 걱정이신가요?"

"우리나라가 자고로 유학을 숭상하고 불교를 멀리하지 않느냐. 지금 불교의 우두머리를 보고 머리를 조아리고 온 것만으로도 기분 나쁜 터에 불상을 받았으니 어찌 화가 나지 않겠느냐. 게다가 우리가 지금 묵고 있는 곳은 유학을 공부하는 태학관인데, 그곳에 불상을 가지고 간다는 것은 불경이라며 저리들 모여 의논하는 것이다."

사신들이 모두 모여 의논하고 있는 모습은 누가 봐도 이상해 보였다. 다른 사람들은 문밖을 나올 때 모두 환하게 웃고 나오는데, 유독 우리 사신들만 인상을 쓰고 있었기 때문이다.

지나가는 사람들이 모두 우리 사신들을 힐끗힐끗 쳐다보는 모습이 예사롭지 않았다. 그러던 차, 청나라 관료 몇 명이 이 모습을 지켜보더니 부리나케 문 안으로 들어갔다. 나리는 사신들에게 다가가 말했다.

"지금 청나라 관리들이 우리가 이리 기분 나쁘게 의논하고 있는 모습을 목격하고 이를 보고하러 들어간 것 같습니다. 이쯤에서 그만

하시고 숙소로 돌아가시지요."

그러자 사신들은 당황스런 표정으로 일어나 숙소로 향했다. 낮말은 새가 듣고 밤말은 쥐가 듣는다는 속담이 있듯이, 이곳에는 곳곳에 청나라 관리들이 우리 사신들의 행동과 말을 염탐하고 있었다. 이러다가 큰 사단이 나는 것이 아닐까 걱정되었다. 그런데 나리는 천하태평이셨다.

숙소로 돌아오니 태학관에 있던 청나라 사람들이 반선을 만나고 온 사신단을 모두 부러워하는 표정이었다. 하나 같이 손을 위로 치켜세우며 반선을 칭찬하였다. 그분들은 평생을 가도 반선을 만나 뵙지 못하는데 이렇게 직접 배알하니 얼마나 큰 영광이냐며 이모저모를 물었다. 사신들은 당황하고 얼떨떨한 표정을 지으며 대충 얼버무리고 숙소 안으로 들어갔다.

밤이 되자, 나는 나리의 잠자리를 봐 드리면서 슬쩍 물어보았다.

"나리, 그래 그 반선이란 분이 준 금불상은 어떻게 처리하기로 했습니까요?"

나리는 빙긋이 웃으며 물어보신다.

"왜, 갖고 싶으냐? 너한테 주련?"

나는 손사래를 치며 "아닙니다요. 언감생심 어찌 제가 나리들에게 내린 선물을 받겠습니까요." 하고 대답했다.

"나무 궤짝을 만들어 보관하라고 역관에게 일러두었다."

이렇게 말씀하신 후 조용히 귓속말로 이어 말씀하셨다.

"그렇게 가져가다가 압록강을 건너면서 바다로 띄워 보내기로 했다. 청나라에서 버렸다가는 황제에게 알려져 사단이 날 것이고, 조선에 가지고 들어가면 조선에서 난리가 날 것이니, 국경인 압록강에 버리는 것이 최선 아니겠느냐? 너는 이 말을 누구에게도 발설하지 말거라. 사신들의 목숨이 왔다 갔다 하는 문제다."

그래서 나는 뭔가 중요한 이야기를 들은 듯, 심각한 표정으로 알았다고 대답했더니, 나리는 그런 나를 보시고 또 껄껄 웃으셨다. 내가 나리에게 속은 건가?

8월 12일
맑음

박지원 나리는 궁궐 구경 간다고 나가시고, 나는 말을 돌보며 하루를 보냈다. 오랜 여행으로 지친 말이었지만, 며칠 쉬면서 잘 먹이고 보살피니 원래 모습으로 돌아왔다.

사람이나 말이나 혹사하면 안 된다. 그런데 나리는 그냥 숙소에서 쉬셔도 되는데, 틈만 나면 밖으로 나가시고 궁궐 안을 돌아다니며 이리 기웃 저리 기웃 하신다. 몸을 저렇게 혹사하면 아무리 장사라도 힘이 들 텐데, 나리는 거의 천하무적급이다. 어제도 밤새 청나라 친구들과 술을 드시다가 거의 새벽이 다 되어 돌아오셨다. 그런데 또 나가시다니.

점심 때가 되어 나리가 잠깐 숙소로 들르셨다. 물 한 잔을 청하시기에 갖다 드리며 나리에게 물었다.

"그런데 나리, 조선은 유학을 존중하고 불교를 멀리하는데, 청나라는 어찌 불교를 저리도 숭상하나요? 황제께서도 반선 앞에서는 정중히 인사를 한다면서요? 황제라면 최고의 자리에 오르신 분인데 뭐가 아쉬워 반선을 섬긴답니까?[25]"

그러자 나리는 나를 유심히 쳐다보시면서 물으신다.

"네 질문이 갸륵하구나. 양반들도 묻지 않는 것을 물으니 필시 내 하인임에 분명하다. 장하다. 좋은 질문을 해야 좋을 답을 얻을 수 있단다. 그러면 우선 너에게 하나 물어보자꾸나. 왜 황제는 편안한 북경을 떠나서 이 벽지인 열하에 머물고 있다고 보느냐?"

나는 나리의 갑작스런 질문에 적잖이 당황하면서도 생각나는 대로 대답했다.

"그야 여기가 훨씬 시원하고, 경치도 좋고, 정사에 지친 몸을 쉬시기도 좋아서 아니겠습니까."

"그렇지 그런 이유도 있겠구나. 하지만 그보다 더 중요한 이유가 있단다. 이 열하는 청나라의 국경지대이다. 항시 오랑캐들의 침략에

위협을 받는 곳이지. 그런데 황제가 그의 군사와 신하들을 데리고 정기적으로 이곳을 방문한다면, 오랑캐들이 이곳을 침략할 수 있겠느냐, 없겠느냐?"

나리의 물음에 이렇게 대답했다.

"그야 쉽게 침략할 수 없겠지요. 황제의 정예 군사들이 있는 곳을 침략할 만큼 어리석은 오랑캐는 없을 테니 말입니다요."

"옳지, 똑똑하구나. 이곳을 황제의 피서지로 정한 이유는 풍경이 좋고 시원해서이기도 하지만, 바로 그러한 정치적인 이유 때문이기도 한 것이다. '이곳은 나의 영토이니 오랑캐들은 함부로 침범하지 말아라. 만약에 침범할 시에는 너희를 하나도 남김없이 죽이리라.'라고 엄포를 놓는 것이다. 그렇다면 왜 황제가 오랑캐의 종교인 황교(라마교)의 궁궐을 이곳에 세워 놓고 그 우두머리를 초청하여 머물게 하는지 이해가 안 되느냐?"

나는 이해가 될 듯도 하고 안 될 듯도 했다. 머리가 아파오기 시작했다. 나리는 나를 보고 웃으며 말씀하셨다.

"청나라 황제는 오랑캐를 단순히 군사적으로만 다스리는 것이 아니라 그들의 종교를 평화적으로 수용하여 잘 대접함으로써 그들과 잘 지내고자 하는 것이다. 겉으로 보기에는 황제가 반선을 모시는 것 같아 보이지만, 그 속으로는 반선을 청나라에 묶어 둠으로써 서번 지역의 오랑캐들이 함부로 적대적인 행동을 하지 못하도록 하는 것이다. 이러한 황제의 정책 때문에 이 지역은 오랑캐 지역과의 교역도 늘고 흥성하게 되는 것이지. 이 정도면 백을 주고 그보다 더 많은 것을 얻어오는 것이 아니겠느냐."

나는 나리의 설명에 놀랐다. 어찌 나리께서는 단 며칠 만에 그 모든 것을 꿰뚫어 볼 수 있으셨을까. 공부를 하는 선비란 바로 저런 분을 두고 하는 말이구나 하는 생각이 새삼 들었다. 박지원 나리는 하나를 보고 열을 생각하시는구나. 내가 이런 분을 모시고 있다니 은근히 가슴이 벅차오르는 것 같았다. 앞으로도 나리를 잘 모셔야겠다는 다짐을 했다.

저녁 무렵 사신단이 돌아온 후 나리께서는 황제가 내린 음식이라며 떡 하나를 보여 주신다. 밀가루와 설탕으로 반죽하여 만든 떡이라는데, 사람 모양으로 정교하게 만들어져 있었다.

"내 살다 살다 사람 모양의 떡은 처음이다. 공자님은 무덤에 사람 모양의 나무 인형도 순장하지 말라고 하셨는데, 사람 인형을 어찌 먹을꼬? 네가 먹어 볼 테냐?"

나리는 떡을 내미신다. 나는 놀라 고개를 가로저었다.

"싫습니다요. 저보고 식인종이 되라는 말씀이신가요? 죽어도 안 먹습니다요."

나리는 질색하는 내가 재밌으셨는지, 재차 먹어 보기를 권하셨

다. 나는 질색하며 도망쳤다. 나리가 웃으시는 소리가 멀찌감치 들려
왔다.

8월 13일

새벽에 비가 흩뿌리다가 갬

사신단은 새벽녘에 황제의 생일을 축하하기 위해 모임에 가셨는데,
나리는 동행하지 않으셨다. 피곤하셨나 보다. 사신단이 돌아와 황제
께서 하사하신 물품들을 벌여 놓고 살피셨다. 저녁에 되자 청나라
환관이 주석으로 만든 호리병을 하나 놓고 갔다. 뭐냐고 나리가 묻
자 통역을 맡은 자가 차라고 했다. 사신들이 모두 한 잔씩 따라 돌려
마시며, "어 취한다." 했다.

　저녁 무렵 나리가 청나라 친구에게 술의 정체를 묻자, 친구분은
그것은 술이 아니고, 술에 넣어 향기를 더하는 여지즙이라고 말하셨
다 한다. 그래서 내가 물었다.

　"그럼 사신 나리들이 여지즙을 마시며 취하신 것이네요?"

　"술이라고 상상하며 마시니까 취기가 오른 것이지. 상상력으로
취했으니 사신들의 능력도 대단하시지 않느냐?"

　나리가 농을 하신다. 나는 나리를 따라 빙긋이 웃었다.

　밤이 되자, 나리는 또 숙소 밖으로 나가셨다. 열하에 사귄 기풍

액이라는 분을 만나러 가신다고 하셨다. 오시기만을 기다렸지만 밤 늦도록 돌아오지 않으셨다. 오늘도 나리는 친구 분들이랑 밤새 술을 드시며 이야기를 나눌 것이다.[26] 하루 이틀 겪는 일도 아니라 자정 무렵에 잠을 청했나.

8월 14일
맑음

아침에 일어나니 정사, 부사, 서장관 나리들은 모두 대궐로 들어가시고, 나리는 언제 오셨는지 주무시고 계셨다. 나리께 아침을 챙겨드리며 넌지시 여쭈었다.

"어제는 또 무슨 말씀을 나누시느라 밤새고 오셨습니까? 쉰네 나리의 건강이 걱정됩니다요."

나리는 졸음을 쫓아내려는 듯 크게 하품을 하며 말씀하셨다.

"대붕의 큰 뜻을 어찌 참새가 알려하느냐. 어제 친구들과 나눈 이야기를 너에게 해 주면 너는 아마도 깜짝 놀라 뒤로 자빠질 것이다."

나는 더욱 호기심이 생겨, "그래도 제가 대붕님을 모시는 참새 아닙니까요. 깜짝 놀랄지 아닐지는 말씀을 해 주셔야 알지요." 하고 농을 쳤다. 그러자 나리가 말씀하셨다.

"네놈이 나랑 지내더니 간이 배 바깥으로 나왔구나. 알았다. 내가 말할 터이니 정말 놀라지나 말거라. 어제 중국 친구들과 나눈 이 야기는 말이다. 우리가 살고 있는 이 땅이 밤하늘의 별처럼 둥글고, 빙글빙글 돈다는 이야기를 했다."

"에이, 소인이 아무리 무식해도 그런 말씀을 하시면 안 됩니다 요. 우리가 살고 있는 땅이 둥글다면 미끄러워서 어찌 서 있을 것이 며, 반대편에 있는 사람들은 모두 거꾸로 서 있는 격이니 하늘로 떨 어지고 말 것입니다요. 게다가 빙글빙글 돈다면 어지러워서 어찌 한 발짝이라도 걸을 수 있겠습니까요?"

내가 놀리지 말라는 표정으로 묻자, 나리는 빙긋이 웃으며 말씀 하셨다.

"거 봐라. 내 뭐라 그랬느냐? 그러면 내가 너에게 묻겠다. 파리는 상에도 앉고, 벽에도 붙어 있고, 천장에도 붙어 있지 않느냐? 상에 앉은 놈은 천장에 붙어 있는 놈에게 거꾸로 붙어 있다고 말하겠지 만, 천장에 붙어 있는 놈은 오히려 상에 앉은 놈더러 거꾸로 붙어 있 다고 말하지 않겠느냐?"

"그럼, 우리가 파리와 같다는 말씀이신갑쇼? 파리야 날개가 있으 니 거꾸로 붙어 있어도 문제가 없지만, 우리 같은 사람이야 가능이나 한 소립니까요?"

내 물음에 나리는 말씀하셨다.

"우리가 살고 있는 지구는 그 크기가 워낙 커서 모든 생물이 다

붙어살아도 자신이 거꾸로 붙어 있는지, 바로 붙어 있는지 느낄 수 조차 없단다."

"그건 그렇다 치더라도, 지구가 돈다는 말씀은 이해가 되지 않습니다요. 나리는 어찌 그것을 아셨습니까요?"

"그것은 내가 생각해 낸 것이 아니다. 내 친구 중에 담헌 홍대용이라고 있는데, 어느 날 그 친구가 달을 보며 말하더구나. '달은 둥근데 저 차고 이우는 것이 변하는 것은 돌기 때문이오. 달에서 지구를 바라보면 우리 지구도 또한 차고 이울지 않겠는가?' 하고 말이다. 그래서 내가 무릎을 치면서 '거 참 신기한 이야기로세.'라고 말했단다. 그 친구는 천문학에 정통한 친구라 우리 같은 평범한 인간은 도무지 알 수 없는 이야기들을 경험하고 계산하여 말하지."

이렇게 말씀하신 나리는 친구를 생각하는 듯 눈을 지그시 감으셨다. 다른 양반 나리들은 공자 왈 맹자 왈만 하는데, 우리 나리는 정말 다방면에 관심이 많으신 듯하다. 나는 나리가 하신 기이한 말씀이 이해가 되지는 않았으나, 뭔가 크고 깊은 이야기를 하시는 것만 같아 더 이상 말대꾸를 하지 않았다.

나리는 밥을 다 드시더니, 나에게 재촉하며 밖으로 나가자고 했다. 또 어디를 가시느냐고 묻자 왕곡정과 악기 구경을 하기로 하셨단다.

나리를 따라 시습재라는 곳으로 갔다. 그곳에 가니, 모든 악기가 비단으로 감싸져 있었다. 청나라 친구분이 악기가 습기를 싫어하여 그렇게 한다고 설명하자, 나리는 고개를 끄덕이며 거문고 하나를 꺼내 보셨다. 그러자 한 소년이 달려와 성급히 나리한테서 악기를 빼앗더니 도로 거문고 집에 넣어 버렸다. 나리는 머쓱해하며 밖으로 나오셨다.

밖으로 나오려는데, 그 소년이 나리더러 청심환이 있으면 달라고 했다. 나리는 소년을 노려보더니 없다고 말했다. 그 소년은 무안했는지 급히 인사하고 가 버렸다. 나리가 청나라 친구분에게 물었다.

"저 소년은 악기 관리와 무슨 관련이 있습니까?"

"전혀 상관이 없습니다. 오로지 청심환을 얻어 보려는 수작입니다. 내가 다 민망합니다. 신경 쓰지 마십시오."

친구 분이 대답했다. 나는 별 희한한 놈을 다 보는구나 생각했다. 청나라 사람들은 조선에서 가져온 청심환이라면 사족을 못 쓴다. 청심환 한 알을 주면 모든 게 잘 진행될 때가 많았다. 그래서 나리도 항상 청심환을 챙겨 다니셨는데, 오늘도 청심환을 챙겨 오셨지만 그 소년에게는 주지 않은 것이다.

밖으로 나오니 말 떼 수백 마리가 문 앞을 지나갔다. 그런데 말을 모는 목동은 하나뿐이었다. 그 목동은 큰 말을 타고 손으로 수숫

대 하나만 쥐고 따라간다. 그래도 모두가 마치 군대가 행진하듯 질서 있다. 목동의 말 모는 솜씨가 가히 놀랄 만하다. 조금 지나자 또 소 삼사십 마리가 코뚜레도 없이 지나가고, 노새 수십 마리가 그 뒤를 따라간다. 소와 노새를 모는 목동 또한 한 명뿐이었다. 나리는 나를 쳐다보며 물으셨다.

"너도 저렇게 몰 수 있느냐?"

나는 고개를 숙이며 자신이 없다고 말했다. 이유인 즉, 우리나라 는 말이 어느 정도 자라면 모두 가두어 키우거나 묶어서 키우기 때 문이다. 저렇듯이 자유롭게 키우려면 넓은 땅도 있어야겠지만, 말 키 우는 법도 달라야겠다는 생각을 했다. 그러자 나리가 말씀하셨다.

"내가 조선에 있을 때 연암협이란 곳에 살았는데, 목축을 해 보 고 싶었기 때문이지. 너도 알다시피 우리나라에서 목장다운 목장은 제주도 한 곳뿐이지 않느냐. 게다가 거기서 키우는 말은 모두 원나라 세조 때 들어온 말로 사오백 년이 지나도록 종자를 바꾸지 않았단다. 그래서 처음에는 우수한 말이었지만, 점차로 말의 크기도 작아지고 속도도 느린 말이 되었지.

연암협에는 말을 키우기 충분할 정도로 넓은 목초지에 물도 풍 부하여 거기에 말을 새로 사다가 방목을 하면 우수한 명마를 키울 수 있을 것이란 생각을 했더란다. 일이 뜻대로 되지 않아 그 생각은 실현되지 못했지만, 지금도 그 생각만 하면 안타깝구나."

곰곰 생각해 보니 조선 말이 중국 말보다 작은 것은 종자의 문제도 있지만 키우는 방식의 문제도 있겠구나 하는 생각이 들었다. 넓은 곳에서 자유롭게 자라는 말과 좁은 곳에 갇혀 자란 말이 같을 리가 없겠구나 생각이 들었다.

그래서 내가 "말이 그러하다면 사람도 그러하겠군요?" 하고 나리에게 여쭤 보았다. 나리는 나를 유심히 쳐다보시더니 내 머리를 쓰다듬으며 말씀하셨다.

"나는 너에게 말을 이야기했는데, 너는 사람을 떠올리니, 필시 너도 공부를 했더라면 크게 될 인물이었을 것이다. 비록 태생은 천하지만 조선으로 돌아가면 공부를 게을리하지 말거라. 신분에는 귀천이 있지만 공부에는 귀천이 없는 게다. 맹자께서 모든 사람에게는 인의예지(仁義禮智)를 키울 수 있는 좋은 마음과 좋은 능력이 있다 했는데, 내 너를 보니 맹자님 말씀이 틀리지 않았다는 생각이 드는구나."

나는 갑자기 눈물이 핑 돌았다. 왠지 이유는 설명할 수 없지만, 뭔가 가슴이 뻥 뚫리는 기분이 들었다. 그때 나리가 흥분하며 말씀하셨다.

"그래 너는 말[馬] 공부를 해 보거라. 내 친구 중에는 닭을 공부하는 친구도 있고, 꽃을 공부하는 친구도 있고, 벼루를 공부하는 친구도 있고, 담배를 공부하는 친구도 있고, 별을 공부하는 친구도 있고, 싸움을 공부하는 친구도 있지. 모두 자기 방면에서는 둘째가라면

서러워할 사람들이다. 한 방면에 미치면 반드시 높은 수준에 미칠 수 있는 법이다. 책 공부만 공부가 아니니라. 자신이 제일 잘하는 것, 제일 자신 있는 것을 더욱 깊고 넓게 파고드는 공부가 진짜 공부지. 나중에 내가 말이 궁금하면 너에게 물을 수 있도록 반드시 말 공부를 해 보거라. 내 말을 알아듣겠느냐?"

"네 나리, 돌아가면 조선에서 제일 말을 잘 아는 사람이 되도록 노력하겠습니다요. 감사합니다요, 나리. 나리 덕분에 제가 뭘 해야 할지 알 수 있게 되었습니다요."

나도 덩달아 흥분이 되어 크게 대답했다. 나리와 나는 서로의 얼굴을 쳐다보며 환하게 웃었다. 길을 걸으며 나리는 자신이 생각하는 말을 키우고, 먹이고, 번식시키는 법에 대하여 장황히 설명하셨다.[27] 나는 나리의 설명에 연신 고개를 끄덕이며 하나라도 잊지 않기 위해 마음속으로 새기고 또 새겼다.

나리의 지식은 그저 책에 머무는 것이 아니라 사물을 관찰하여 쌓은 것이고, 그렇게 관찰한 사물로 세상을 이롭게 하는 데 쓰려는 나리는 진짜 학자의 모습이었다.

해가 질 무렵 나리와 함께 등불놀이를 구경하러 갔다. 수천 명의 사람들이 형형색색의 등불을 들고 빙빙 돌기 시작하더니 갑자기 등불들이 모양을 그리기 시작했다.

큰 산 모양이었다가, 새의 모양이었다가, 네모였다가 둥그렇다가 글자 모양을 만들더니 '만년춘'이라고 큰 소리로 고함을 친다. 나리께서 '만년동안 젊고 건강하게 사시라'는 기원문이라고 설명해 주셨다.

그러더니 갑자기 등불이 거대한 용 모양으로 변하여 꿈틀대다가 또 글자 모양을 만들어낸다. 이번에는 '천하태평'이라고 고함을 지른다. 나리의 설명이 없어도 이번에는 무슨 뜻인지 알 수 있었다. 나는 너무도 놀라고 신기하여 박수를 치며 좋아했다. 나리도 이 모습을 환하게 웃으며 지켜보셨다.

돌아오는 길에 나리가 물어보셨다.

"너는 등불놀이를 통해 무엇을 배웠느냐?"

그래서 나는 아직도 흥분을 가라앉히지 못하고 대답했다.

"청나라 사람들의 기예가 정말로 놀랍습니다요. 수천 명의 사람이 저렇게 일사불란하게 움직이며 헤아릴 수조차 없는 모양을 만들어 내는 것을 보면서 감탄에 감탄을 했습니다요."

"그래, 잠시 동안의 놀이일 뿐인데도 저렇게 기강과 질서가 잡혀 있는데, 만약에 이러한 것을 군대에 응용한다면 어찌 되겠느냐? 천하 사람들이 모두 벌벌 떨지 않겠느냐?"

갑작스런 나리의 질문에 "그렇겠네요." 하고 대답했다. 그러자 나리는 나에게 하시는 말씀인지 혼자 하시는 말씀인지 조용히 말씀하셨다.

"하지만 천하를 다스리는 법은 강한 군대에 있는 것이 아니라 높은 덕에 있는 것이거늘, 나는 그것이 아쉽구나."

태학관으로 돌아오니 밤이 되었다. 청나라 황세로부터 이제 사신들은 북경으로 돌아가라는 명이 떨어졌다. 급작스런 명령에 갑자기 사신들이 짐을 꾸리느라 바빠졌다. 나 또한 행장을 꾸리고 말을 돌보기 위해 마구간으로 향했다. 나리는 친구들과 인사를 나누겠다며 다시 숙소에서 떠나셨다. 이것으로 파란만장한 열하에서의 일정이 끝났다.

[23] 초정 박제가는 박지원과 함께 북학파로 알려진 학자이다. 박제가는 청나라 사신으로 여러 번 청나라에 다녀와 《태학유관록》과 《북학의》를 남겼다.

[24] 성승(聖僧) ; 티베트 불교의 종교 지도자로 판첸 라마를 가리킴.

[25] 이에 대한 자세한 이야기는 〈황교문답〉에 실려 있다. 박지원의 역사적 통찰력이 돋보이는 부분이다.

[26] 〈망양록〉과 〈곡정필담〉에 자세한 내용이 실려 있다. 이 두 권은 《열하일기》 가운데에서도 가장 많은 분량을 자랑하고, 거기에서 다루어지는 내용 또한 방대하다. 천문학, 지리학, 역사, 음악, 문화, 종교 등 어찌 보면 지식의 모든 분야를 청나라 지식인들과 교류하면서 그 결과를 기록해 놓은 것이다.

[27] 〈태학유관록〉에 나오는 목축에 대한 연암 박지원의 견해는 그 자세함과 방대함에 있어 탁월함을 자랑한다. 연암은 중국 책에 나온 말에 대한 정보를 기록함과 동시에 말을 키우는 국가 정책에 이르기까지 자신의 의견을 소상히 기록했다. 이는 말을 키워 보고 싶었다는 연암의 말이 진심이었음을 증명하는 자료이기도 하다.

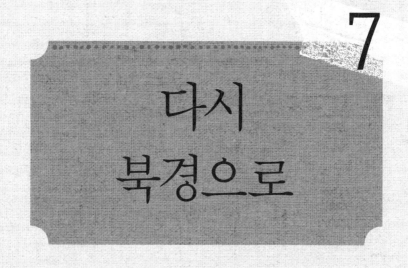

다시
북경으로

7

이 장은 《열하일기》에서 〈환연도중록〉에 해당하는 부분. 6일 간의 기록이다.

8월 15일
맑고 선선함

아침 일찍 사신들이 급히 모여 회의를 했다. 열하를 떠나기 전에 황제에 올리는 글을 써서 예부에 보내야 하는데, 예부에서 알아서 글을 올렸다는 것이다.

이로 인해 사신들은 모두 화가 나 있었다. 자신들이 올릴 글을, 중국 관료가 제멋대로 써서 올린 것이 마음에 안 든 것이다. 그리하여 담당 역관을 시켜 예부에 글을 다시 올리겠다고 하니 예부에서 관료가 부리나케 달려와, 자신들이 잘 알아서 올렸으니 괜히 사단내지 말고 급히 떠나라고 했다.

정오가 되어 태학관을 떠났다. 돌아오는 길은 훨씬 평안하다. 사신단 나리들은 말을 천천히 몰아 주변 광경을 살피셨다. 지나갈 때는 보지 못했던 것들이 돌아오면서 새롭게 보였다. 풍경이 신비하고 아름다웠다. 40리를 걸어 난하를 건너 하둔에 머물렀다.

8월 16일
맑음

해 뜰 무렵 출발하였다. 황포령을 지나는데 귀하게 생긴 분이 검은 말을 타고 날 듯이 지나간다. 그 뒤로 시종 삼십여 명도 말을 타고 달리는데, 모두 화려한 옷차림이었다. 나는 길을 비켜서서 그들이 지나가는 것을 쳐다보았다. 나리가 그들의 정체를 알아보신 즉, 황제의 친조카인 예왕이라고 한다.

높으신 분들의 행렬이라 장엄했다. 잠시 있자, 마차 한 대를 노새 세 마리가 끌고 지나가는데, 마차는 양탄자로 장막을 치고, 네 면 모두 유리로 장식되어 있었다. 귀한 분들이 타고 있음이 분명했다.

그러더니 갑자기 내가 모는 말 앞에서 마차가 멈추었다. 나는 깜짝 놀라 어찌할 바를 몰랐다. 마차 창문이 열리더니 부인네들이 머리를 내밀어 밖을 구경했다.

갑자기 마차를 몰던 노새 놈이 오줌을 쌌다. 피할 수도 없고 안 피할 수도 없는 난처한 상황이 벌어졌다. 그런데 어찌 된 일인지 우리 말이 덩달아 오줌을 싸는 것이 아닌가.

마차 밖으로 고개를 내밀었던 부인들을 이 모습을 보며 입을 가리고 웃었다. 나와 나리는 민망하여 고개를 돌렸다. 천하태평인 것은

다시
북경으로
7

말과 노새뿐이었다. '그래 싸라, 싸! 신분도 없고, 창피함도 모르는 네 놈이니. 싸려면 당당하게 싸라.' 나는 속으로 외쳤다.

8월 17일
맑고 따뜻함

아침 식사 후 산책을 하고 돌아온 나리가 산책하는 도중에 예왕을 만났다고 한다. 만나서 무슨 일이 있었냐고 묻자, 나리는 빙긋이 웃으며 말씀했다.

"술 몇 잔을 함께 나눴는데, 예왕이 갑자기 폭포 같은 토를 하는 바람에 술자리를 끝냈지. 호인인 줄 알았더니 별 거 아니던데."

나는 나리의 말이 농담인지 진담인지 알 수가 없었다.

길을 나서 수십 리를 갔는데, 등 뒤로 기병 백여 명이 멀리 산 아래로 달려갔다. 전쟁이 난 줄 알고 깜짝 놀랐는데, 나리는 놀라는 기색이 없으셨다. 태평스럽게 말에서 내려 모래밭에 앉으시더니 부시를 쳐서 담배를 피신다. 지나가는 사냥꾼이 이 모습을 보고는 말을 세워 내리더니 나리께 부싯돌을 빌리자 한다. 나리는 천연덕스럽게 그 사람에게 물었다.

"어떤 분이 사냥하는 겁니까?"

그러자 말에서 내린 사냥꾼이 담배에 불을 붙이며 대답한다.

"예왕께서 황제의 손자와 함께 사냥을 하는 중입니다."

나리는 연이어 물으셨다.

"얼마나 잡았습니까?"

사냥꾼은 빙긋이 웃으며 "사흘 동안 메추리 한 마리." 하고 말한다. 나는 그 말을 듣고 '저 많은 사람이 사냥하는데 고작 메추리 한 마리라니.' 하고 속으로 비웃었다.

고북구에 다다랐다. 나리는 나에게 고북구의 본래 명칭은 호북구였는데, 뜻은 '범의 아가리'라고 설명해 주셨다. 역사 이래 가장 치열한 전투가 많이 벌어진 곳이라 한다.

땅이름과 땅에서 벌어진 일이 묘하게 어울리는 곳이라 생각했다. 처음 지나갈 때에는 밤이라 자세히 살피지 못했는데, 이번엔 낮이라 주변 경관이 훤하게 눈에 들어왔다.

성벽의 웅대함이 놀랄 만했다. 저 성벽을 넘으려는 자와 지키려는 자의 피가 서로 엉켜서 아직도 전쟁을 하고 있는 것 같았다. 이 장소에 죽은 시체의 해골이 산처럼 쌓였다는 나리의 말씀을 들으니, 대낮인데도 오싹 소름이 돋았다. 나리는 그 벽을 바라보시며 말씀하셨다.

"그로부터 백 년이 지나도록 이곳은 태평성대란다."

"이제 전쟁이 사라졌으니 천만다행입니다요."

내가 대꾸하니 나리는 "그 평화가 이곳 백성들을 약하게 만들었을 수도 있지. 만약에 전쟁이 일어난다면 이곳은 여지없이 허물어지고 말게다. 그게 걱정이로구나." 하고 말씀하셨다.

고묵우 관내에 들어가 짐심을 믹었다. 겸심을 먹고 길을 나서다 절이 있어 잠시 들렀는데, 나리가 뜰에 말리고 있던 오미자 몇 알을 집어 드셨다. 이를 물끄러미 바라보던 중이 갑자기 화를 내며 나리에게 달려들어 뭐라고 고함을 쳤다.

나리가 무안하여 주춤대는데, 중은 더욱 화를 내며 나리에게 달려들 기세였다. 나 또한 어찌할 바를 몰라 허둥지둥 대는데, 이 모습을 지켜보던 마두 춘택이 형이 사이에 끼어들어, 중에게 욕을 해 대기 시작했다. 중도 물러서지 않고 맞고함을 질렀다. 그러자 춘택이 형은 중의 뺨을 때리며 소리 질렀다.

"네놈이 지금 어느 안전이라고 이리 무례하게 구느냐?"

하지만 중은 기세를 꺾지 않고 더욱 사납게 달려들었다. 그러자 춘택이 형이 황제를 수차례 언급하며 호기를 부렸다.

"황제께서 이 사실을 알게 된다면 너희 목숨은 없는 것이나 마찬가지다."

나리는 무안한 듯 이제 그만하라고 타이르셨다. 춘택이 형은 나리의 말씀에도 화가 안 풀린 듯, 벽돌 하나를 들어 중에게 던지려 했다. 그제야 중은 꼬리를 감추고 도망쳤다.

잠시 후 다른 중이 나타나 과일을 건네며 화를 푸시고 청심환이 있으면 달라고 청했다. 나리는 헛웃음을 지으며 품 안에서 청심환 하나를 꺼내 중에게 주었다. 이를 받아든 중은 몇 차례나 고개를 조아리며 고맙다고 말했다. 나는 이 사단이 모두 청심환 한 알 얻자고 일어난 것이 아닐까 의심이 들었다. 그래서 나리게 물었다.

"나리 저 중놈들의 행동이 고약합니다. 저라도 혼내 주고 올까요?"

"아니다. 이 모든 일이 주인 허락을 받지 않고 오미자 몇 알을 먹은 나로부터 생긴 일이다. 옛 성현의 말씀 중에 '겨자씨 하나라도 의리에 맞지 않는다면 남에게 주지 말고, 또 남의 것을 취하지 말라'고 하신 말씀의 뜻을 이제야 깨닫는구나. 아무리 작은 것이라도 의리에 벗어나면, 화를 자초하고, 그로 인해 분이 생기고, 더욱 커져 전쟁이 일어날 수도 있는 법이니, 성현의 말씀이 틀린 것이 하나도 없구나. 모두 내 잘못이다."

나는 봉변 중에도 나리가 침착하게 반성하시는 모습을 보고 적잖이 놀랐다. 과연 큰 분은 다르구나.

다시 길을 재촉하여 가던 중에 낙타 무리가 수천 마리쯤 짐을 싣고 가는 모습을 보았다. 그야말로 장관이었다. 나리는 그 낙타 무리를 보시더니 나를 보고 말씀하셨다.

"고려 태조 임금 때, 거란이 낙타 사십 마리를 공물로 바쳤는데, 태조께서는 낙타를 야만족의 짐승이라며 다리를 묶어 굶겨 죽였단다. 비록 거란이 야만족이라 하나 낙타가 무슨 죄가 있어 굶겼는지 너무도 심한 처사라는 생각이 드는구나. 지금도 개성에 가면 그 낙타가 지나간 다리인 낙타교가 남아 있는데, 사람들은 그 이름이 어디서 유래했는지 조차 모르니 안타까울 뿐이다."

8월 18일
가랑비 오다 그침, 오후에 천둥 번개 소낙비

북경으로 돌아가는 길에 백하에 이르렀다. 열하로 갈 때에는 청나라 관료가 많이 나와 길을 안내해 줘 편안히 건넜는데, 이번에는 관료 한 명 보이지 않았다. 올 때와 갈 때의 대접이 이리 다르다.

사신들이 불평을 토로했지만, 동행하는 제독도 통관도 힘을 쓰지 못했다. 박지원 나리는 이 와중에도 천하태평이다. 강에 있는 배를 보면서 나에게 말했다.

"창대야, 저 배들이 보이느냐? 크기와 모양이 아주 다르지 않느냐? 저기 보이는 배는 배 세 척을 연결해서 만들었구나. 크기와 모양이 다르고 용도가 다르다면 모두 다른 이름을 가져야 할 터인데, 모두 '배'라 부르니, 우리가 쓰는 말이 참으로 성기구나. 이렇게 말을 써서야 어찌 사물의 구체적인 모습을 잡아낼 수 있겠느냐?"

말 탄 사람 사오십 명이 바람을 일으키며 우리에게 달려오더니 우리를 보고 비웃는 표정을 짓고 휙 지나간다. 우리의 행색이 초라하여 무시하는 것 같았다. 그들은 말을 달려 배에 올랐다.

가장 나중에 오른 사람은 팔뚝에 큰 매를 얹었는데, 말에 채찍을 쳐 배에 오르다가 말이 발을 헛디뎌 물속으로 빠졌다. 말도, 사람도, 매도 모두 생쥐 꼴이 되어 물에 젖은 채로 겨우 배에 올랐다. 나는 속으로 고소하다고 생각했다. 나리의 표정을 보니 나리도 나와 같은 심정인 듯하다.

8월 19일
가끔 비가 왔지만 맑음

점심 식사 시간에 나리가 주신 홍시를 먹었다. 고향 생각이 절로 났다. 사당에 들어갔는데, 왼쪽에는 부처님을 오른쪽에는 관운장을 모셨다.

"중국 사람들은 관운장을 신처럼 모시나 봐요?"

내가 나리에게 물었다.

"관운장을 떠받들기 시작한 것은 명나라 초부터인데, 그로부터는 관운장을 성인 취급하여 이름도 함부로 쓰지 못하게 했다. 심지어 학문적 스승으로 받들어 관부자라 일컫기도 했지. 비록 관운장이 의리 있고 용맹하다 하여도 그를 성인이나 공자와 같은 급으로 대접하는 것은 정도가 지나친 것 같구나."

8월 20일
맑다. 날씨가 서늘하다

해 뜰 무렵 출발하여 덕승문에 도착했다. 드디어 북경이다. 북경 서관에 머무르고 있던 역관과 비장, 하인들이 모두 거리로 나와 기다리고 있었다.

주위를 둘러보며 장복이를 찾았다. 저만치서 장복이가 달려왔다. 나는 나리를 쳐다보았다. 나리는 어서 가 보라는 듯 고개를 끄덕이셨다. 나도 장복이를 향해 달려갔다.

장복이는 나를 보더니 주인 만난 개처럼 반가워하며 주위를 뱅뱅 돌았다. 나도 장복이를 따라 돌다가 문득 장난기가 동했다.

"장복아, 너에게 줄 특별한 상금을 가지고 왔다."

장복이는 상금이란 소리에 눈이 동그래지며 물었다.

"얼마나 받아 왔는데?"

"천 냥이다. 너랑 반반씩 나누어야지."

내가 이야기하니 장복이는 입이 귀에 걸렸다.

"너, 황제를 보았니?"

장복이가 물었다.

"물론이지. 호랑이 눈알, 화로 같은 콧구멍, 옷도 입지 않은 벌거숭이더라."

나는 말도 안 되는 이야기를 지어냈다. 박지원 나리가 옆에서 지켜보며 피식 웃으셨다. 나리를 좇아 다니다 보니 장난이 늘었다.

"어이쿠, 황제가 벌거숭이라니. 별꼴을 다 보겠다. 모자는 썼더냐?"

"그럼, 황금 투구를 쓰고 있더라. 나를 보시더니 커다란 술잔에 술을 한 잔 부어 주면서, '주인을 잘 모시고 험한 길을 왔으니 참으로 기특하구나.' 하시더라."

내가 계속 거짓말을 하는데도 장복이는 눈치 채지 못했다. 뿐만 아니라 주변의 하인들도 믿는 눈치였다. 내가 농이 너무 지나쳤나 생각하며 모두 거짓말이라고 말하고 도망치자, 장복이는 주먹을 휘두르며 나를 쫓아왔다.

나리는 이 모습을 보며, 껄껄 대고 웃으셨다. 나도 도망을 멈추고, 달려오는 장복이를 끌어안고 깔깔 웃었다. 장복이는 어이가 없다는 표정을 짓더니 종국에는 따라 웃었다. 장복이와 나와는 피 한 방울 안 섞인 사이지만, 어느새 형제보다 더 가까워진 느낌이었다. 그동안 고생했던 일들이 다 눈 녹듯 사라지는 것 같았다.

나리는 북경으로 돌아온 후에 북경에서 기다려 준 사신들과 함

x

께 무사귀환을 축하하며 한 잔 하려고 나가셨다. 저녁 무렵에 돌아오
셨는데 술이 불콰하게 취하셨다. 오랜만에 편안한 분위기에서 과음
을 하셨는지 몸이 비틀거렸다. 내가 부축하려 다가가니, 나리는 기분
좋게 웃으며 물으셨다.

"창대야, 너는 지금 누가 가장 보고 싶으냐?"

"당연히 집에 두고 온 어머니지요. 그런데 그건 왜 물으십니까
요?"

나는 되물었다.

"나는 말이다. 이주민이란 친구가 보고 싶구나. 원래 나랑 같이
사신단에 끼기로 했는데, 사정이 있어 못 오고 말았지."

"무슨 사정이……?"

"그 친구가 말술이거든. 술잔의 크기도 따지지 않고, 술의 좋고
나쁨도 따지지 않고, 닥치는 대로 술을 입에 털어 넣지. 그래서 그 친
구 별명이 '술털이'였어. 아무리 마셔도 취하지 않는 호걸 같은 친구
인데. 이 친구가 청나라를 보고 싶어 해서 같이 가기를 소망했으나,
사신 중 한 명이 이 친구의 술버릇이 고약하니 가까이 할 수 없는 사
람이라고 헐뜯는 바람에 결국 못 오게 되었구나. 오늘 같은 날, 그 친
구랑 호기 있게 한 잔 더 했으면 좋으련만. 여기 사신들은 워낙 좀생
이들처럼 술을 마셔서 흥이 나지를 않는구나."

나리는 친구 분도 여러 부류구나 하고 생각했다.

밤이 되자 나리 곁으로 열하까지 못 간 역관들이 모여들었다. 그 분들이 술과 안주를 준비해 왔는데, 실상은 나리가 열하에서 가져온 물건을 구경하기 위해서였다. 나리의 보퉁이가 제법 큰 것을 낮에 보고는 궁금했던 모양이었다.

나리는 무슨 보물이나 되는 듯이 한참을 뜸들이시더니, 역관들 앞에서 보퉁이를 풀었다. 역관들은 목을 길게 빼고 그 속에 무엇이 들었는지 살펴보았다. 하지만 이내 실망한 표정을 지었다. 그 두툼한 보퉁이에는 어떠한 귀한 물품도 없었기 때문이다.

그 속에는 나리가 열하에 다녀오시면서 중국의 친구 분들과 나눈 이야기를 기록한 종잇조각들과 이곳저곳 유람하면서 적은 일기 등이 그득 담겨 있었다. 나리는 역관들의 실망하는 눈치를 살피시더니 이렇게 물으셨다.

"자네들은 보물이 무엇이라고 생각하는가?"

역관 중 하나가 대답했다.

"그야 귀하고 비싼 것이지요."

"맞다. 그렇다면 자네들은 지금 보물을 보고 있는 게야. 이 종잇조각들에는 우리가 전혀 알지 못했던 정보들이 그득하지. 이 만큼 귀한 것이 어디 있겠는가. 또 이 종잇조각에는 중국 사람과 나눈 우정의 이야기도 담겨 있지. 세상에 우정보다 값비싼 것이 어디에 있겠는가? 자네들은 지금 돈으로는 그 가치를 매길 수 없는 세상에서 가장 진귀한 것들을 구경하고 있는 것이니 그리들 알게."

나리는 박수를 치시며 남은 술잔을 입에 털어 넣으셨다. 역관들은 별 실없는 이야기를 하신다는 표정으로 나리 방을 나갔지만, 나는 나리의 발씀을 생각하며 한동안 멍하니 그 자리에 서 있었다. 그때 장복이가 한 마디 했다.

"종잇조각은 먹을 수 없으니, 뭐 먹을 거라도 안 가져오셨습니까요? 쉰네 나리만 기다리며 있었는데 섭합니다요."

나리는 예끼 이놈 하고 장복이의 엉덩이를 손으로 찰싹 때리셨다. 장복이는 아파 죽겠다는 표정으로 펄쩍펄쩍 뛰었다. 나리와 나는 이 모습에 박장대소를 하였다. 장복이도 망아지처럼 깡충깡충 뛰면서 따라 웃었다.[28]

8월 21일
맑음

오랜만에 아무 일 없이 편안하게 일어날 수 있었다. 사신단은 조선으로 돌아갈 준비를 하면서 며칠 동안 북경에 머물기로 했다. 온갖 공문서를 작성해야 하고, 개인이 가져갈 물품, 한양에 계신 임금님께 바칠 물품 등도 정리하고, 개인적으로 구입할 물건이 있으면 북경에서 살 수 있도록 배려한 것이다.

장복이와 아침 식사를 마치고 나리가 계신 숙소로 찾아가 보았다. 평상시 같으면 벌써 밖으로 나가실 준비를 하셨을 텐데, 오늘은 숙소에서 이것저것 정리하며 계셨다. 나리는 보퉁이에 싸 두었던 종 잇조각들을 이리저리 펼쳐 놓으시며 뭔가 골똘히 생각에 빠져 있는 것 같았다.

"나리 식사는 맛있게 하셨는지요?"

인사를 드리자, 장복이가 무람없이 나리 곁으로 가더니 말을 걸 었다.

"나리, 무슨 재미난 이야기 좀 해 주세요. 북경에 혼자 있는 동 안 심심해서 죽을 뻔했습니다요."

장복이가 무람없이 굴었는데도, 나리는 전혀 개의치 않는다는 듯, 빙긋이 웃으며 장복이를 보고 말씀하셨다.

"그래, 장복이가 심심했구나. 그럼 우리가 장복이를 위해서 열하 에서 본 재미난 이야기를 좀 해 볼까?"

나리가 이리 반겨 응대해 주시니, 우리도 한결 마음이 편해져서 나리 곁으로 다가갔다. 나리는 나를 향해 물으셨다.

"창대야, 네가 열하에서 본 것 중에서 가장 재미난 것이 무엇이 었느냐?"

그래서 열하에서 보았던 요술놀이[29]가 가장 재미있었다고 대답 했다. 그러자, 나리는 탁자에 펼쳐 놓은 종이들을 이리저리 뒤적이더 니 종이 한 묶음을 찾아내어 손에 쥐시고 말씀을 하기 시작하셨다.

"여기 있구나. 내가 조선에 가면 써먹으려고 정리해 놓은 것이 있었는데 한번 보자꾸나. 창대야, 네가 본 요술놀이 중 기억하는 것을 말해 보거라."

"알 만들기, 찢어진 종이 붙이기, 기둥에 묶인 손을 풀기, 그리고 계란을 몸에 자유자재로 넣었다 빼기 등이 기억납니다요."

나는 기억을 더듬으며 대답했다. 그러자 나리가 물으셨다.

"그래, 한 요술사가 칼을 입에 넣고 휘둘렀다가 뺐던 것도 기억나느냐?"

"기억나다마다요. 저는 그 모습을 보고 기절할 뻔 했습니다요."

장복이는 놀라는 표정으로 되물었다.

"아니, 칼을 입에다가 넣었다고?"

"커다란 칼을 입에 넣은 것만이 아니고 아예 입을 통해 뱃속으로 쑤셔 넣었다 뺐다 하는데, 칼이 움직이는 모습이 뱃가죽으로 다 드러났단다. 나중에 칼을 빼내니까, 칼에 피가 잔뜩 묻어 있고, 더운 열기가 훅 하고 퍼지더라고."

신이 나서 내가 침을 튀기며 이야기를 했다. 장복이는 말도 안된다는 표정으로 나와 나리를 번갈아가며 쳐다보았다. 나리는 웃으면서 말씀하셨다.

"그뿐만이 아니었다. 종잇조각을 접어서 아이의 입에 넣었더니 아이의 입안에서 청개구리가 쏟아져 나왔지. 아무것도 없는 양탄자에서 새가 날아오르기도 하고, 돌에다가 구멍을 냈더니 술이 한 없이 쏟아져 내리더구나. 나는 그 돌이 너무나 갖고 싶었단다."

술이라면 자다가도 일어나는 나리이신지라 우리도 나리의 말씀에 히히 거리며 웃었다. 나는 다른 것도 떠올랐다.

"그뿐만 아니라 바늘 한 줌을 입에 넣고 귀에 다가 붉은 실을 넣더니, 코로 입에 넣은 바늘과 귀에 넣은 실들이 서로 꿰어져 줄줄이 나오더라."

장복이는 점점 신이 나서 '또또' 했다.

"그것이 있지 않았느냐. 사과가 갑자기 똥 덩어리로 바뀐 요술."

이번에는 나리가 신이 나 말씀하니, 나도 신이 나서 덧붙였다.

"맞습니다요. 그 요술사가 사과를 하나 들고 나와 신 나게 먹다가 다른 사과를 나눠 줬는데, 사과 하나가 똥 덩어리로 바뀌는 바람에 그것을 먹은 관객이 아주 곤욕을 치렀지요."

그러자 나리는 장복이에게 말씀하셨다.

"가장 신기한 요술은 빈 사발 속에서 은이 나오더니 또 그 은이 갑자기 돈으로 바뀌더구나. 그래서 내가 하도 신기해서 그 사발을 비싼 값으로 사 왔다. 장복이한테 주려고."

장복이는 좋아라 하며 어서 달라고 안달이다.

"그런데 돌아오던 길에 도둑을 맞고 말았단다. 어떡하냐 장복아, 다시 돌아가 사 올 수도 없고 말이다."

그제야 장복이도 농담인 줄 알고 에이 하며 실망하는 표정을 지었다. 나리는 짐짓 미안한 표정을 지으시더니 갑작스런 질문을 던지셨다.

"그런데 왜 청나라에서는 요술을 금하지 않았을까? 요술이라는 것도 알고 보면 다 눈속임인데 말이다."

그래서 내가 "재미있으니까 즐기라고 그냥 두는 것 아닐까요?" 하고 말했다.

"내가 생각하기로는 요술이 속임수라는 것을 백성들이 자연스럽게 알게 하기 위해서인 것 같구나. 만약에 요술을 금했다가는 나라 안에 요술쟁이들이 모두 궁벽한 곳에 숨어들어 자신들의 신기한 재주로 백성들을 속이고 괴롭히지 않겠느냐. 그리 된다면 그 자들을 잡아들이기도 어렵고, 그 자들로 인해서 나라가 큰 우환에 빠질 것이니 이를 미리 방지하기 위해 드러내 놓고 보여 주는 것이다. 그렇게 요술을 자주 보면 어른 아이 할 것 없이 그것이 속이는 요술임을 알고 그냥 재미로만 볼 뿐 더 이상 속지 않을 것 아니냐."

나리의 설명에 나는 그저 신기하고 놀라워서 입을 떡 벌리고 본 요술을, 나리는 자세히 관찰하고 기록하여 세상에 알리고, 이것이 모두 속임수임을 알게 하셨으니 나리가 그냥 장난 삼아 재미로 기록한 것이 아님을 깨달을 수 있었다. 그런데 장복이는 나리가 하시는 말씀은 듣는 둥 마는 둥 하고 다른 요술은 없냐고 보채는 것이었다.

그러자, 나리는 장복이에게 껄껄대며 말씀하셨다.

"네놈은 처음 청나라에 왔을 때도 구경을 하느라 열쇠를 잃어버리고서도 아직 구경거리를 찾고 있구나. 네놈같이 구경 좋아하는 놈을 열하에 데리고 갔더라면 아마도 네놈은 눈이고 코고 다 사라졌을 것이다. 내 너를 안 데리고 간 것이 천만다행이라는 생각이 드는구나."

장복이는 얼굴을 붉히며 "죄송합니다요." 하고 나리께 사죄를 드렸다. 그 모습에 나리는 미안한 마음이 드셨는지 말씀하셨다.

"그런데 장복아, 네가 요술을 보면서도 속지 않는 법을 알려 주련?"

그러자 장복이는 언제 자기가 미안해했냐는 듯이, 얼굴이 환해지며 "네." 하고 대답했다. 장복이의 마음이 금세 풀어지자 나리는 웃으시며 "원래부터 장님으로 태어나면 된다." 하고 말씀하셨다. 장복이는 나리에게 다시 놀림을 당했다고 생각하며 "나리, 농이 지나치십니다요." 하고 퉁명스럽게 이야기한다.

나리는 아무렇지도 않다는 듯이 대꾸하셨다.

"농이 아니다. 내 말을 잘 들거라. 우리나라에 서화담 선생님이 계셨단다. 이분이 하루는 외출을 했는데 길에서 울고 있는 사람을 만났지 뭐냐. 그래서 이분이 '왜 울고 있느냐?' 하고 물으셨어. 그러자 울고 있던 자가 대답하기를 '저는 세 살 때부터 장님이 되어 지금

사십 년이 되었습니다. 하지만 불편함이 하나도 없었지요. 길을 걸을 때는 발이 눈이 되었고, 무엇을 만질 때는 손이 눈이 되었고, 사람을 식별할 때에는 귀가 눈이 되었고, 무엇을 살필 때에는 코가 눈이 돼 주었지요. 비록 두 눈은 없지만 손발, 귀코가 모두 눈 역할을 해 주었지요. 그런데 지금 길을 가다가 두 눈이 홀연히 밝아지고 눈에 끼었던 백태가 사라져 버리니 산천초목이 모두 보이기는 하는데 도대체 어지러워서 한 발짝도 못 걷겠습니다요. 그래서 너무 슬퍼 우는 것입니다요' 하고 말하더란다. 그랬더니 선생은 '그렇다면 자네 눈을 도로 감고 가시게, 그러면 즉시 집을 찾을 수 있을 게야' 하고 대답해 주셨단다. 장복아, 이 일화가 무슨 뜻인지 알겠느냐?"

그런데 장복이는 일 초의 망설임도 없이 대답했다.

"모르겠습니다요."

저놈의 넉살은 무지가 낳은 용기에 가깝다는 생각을 했다. 장복이는 뭔가 생각하고 말하는 적이 없이, 그냥 생각나는 대로 말한다. 그러자 나리는 혀를 끌끌 차며 말씀하셨다.

"내가 소귀에 대고 경을 읽지. 네놈의 단순 무식함에 두 손 두 발 다 들었다."

나리를 더 이상 괴롭혀 드리고 싶지 않아 장복이를 끌고 밖으로 나왔다. 밖에 나오자 장복이가 물었다.

"너는 나리 말씀이 뭔 말인지 알겠니?"

"두 눈 조심하란 얘기다. 이 무식한 놈아."

그러자 장복이도 지지 않으려는 듯 내가 아픈 데를 찌른다.

"무식한 거야, 네놈이 나보다 더 하지 않느냐. 나야 청나라에 와서 중국말이라도 몇 마디 배웠다만, 너는 무얼 배웠느냐?"

하지만 나는 금방 편안한 마음이 들었다. 그래서 장복이에게 대꾸하지 않고 속으로 대답했다.

'내 비록 무식하지만 나는 나리와 더불어 열하에 다녀온 최초의 조선인이다. 나는 나리에게 진정한 공부가 무엇인지 배웠고, 내가 무엇을 하며 살지 배웠다.'

나의 침묵이 어색했는지, 장복이는 나를 보며 미안한 듯 이야기했다.

"화났냐? 농이다 농. 무식하단 말 사과다. 우리 같이 천한 것들이 유식한들 무슨 소용이 있겠니."

나는 장복이를 쳐다보며 조용히 말했다.

"우리가 비록 세상 물정도 어둡고 글자에는 무식하지만, 말에 대해서만큼은 어느 어른보다 많이 알지 않니. 그러니 우리가 전혀 무식한 것은 아니다. 우리도 열심히 배우고 익히면 세상 사람 누구보다도 말에 대해서는 유식해질 수 있다고 나리에게 배웠다. 그러니 장복이 너도 열심히 배워라."

그러자 장복이가 나를 보며 신기하다는 듯이 "어쭈, 나리랑 오래

다니더니 너 나리를 많이 닮아간다. 하지만 너 많이 배운다고 나를 모른 체하면 안 된다. 우리는 친구니까." 하고 말했다.

'친구……'

장복이의 말을 속으로 천천히 생각했다. 그래 너와 나는 친구다. 나리를 모시면서 이 험악한 고생길을 같이 했으니 우리는 분명 아주 소중하면서도 절친한 친구 사이다. 나는 오늘 나에게 소중한 친구가 있음을 다시 한 번 확인했다.

나리는 점심을 드시더니, 살 책이 있다며 유리창으로 가셨다. 나리를 모시려고 했더니, 나리는 지친 말이나 돌보며 여독이나 풀라고 하셨다. 나는 잘 다녀오시라고 인사한 후 장복이와 함께 마구간에 가서 우리 말을 깨끗이 씻겼다. 우리도 덩달아 깨끗이 씻고 더러운 옷을 빨았다. 햇볕이 좋아 금방 말랐다.

저녁 드실 즈음에 나리가 빈손으로 돌아오셨다. 연유를 물으니 허준이 쓴 《동의보감》을 사려 하였으나, 워낙 비싸서 사지 못하고 돌아오셨다는 것이다.

조선 사람이 쓴 의서를 조선에서는 구하기 힘들어 청나라에서 사는 것도 억울한데, 청나라에서 《동의보감》이 워낙 귀해서 가격이 너무 높이 올라 살 수 없으니 참으로 안타깝다 하셨다. 그러더니 나와 장복이에게 조그만 장식물 하나씩을 건네주셨다. 무슨 물건이냐고 물으니, '애호'라고 하시면서 호랑이 모양의 주머니에 쑥을 담아 액막이를 하는 장식물이란다. 중국에서는 단옷날 선물로 주는데, 돌아가서 어머니에게 드리라고 말씀하셨다.

하인들을 챙기시는 나리의 세심함에 새삼 고마움을 느꼈다.

8월 22일
맑음

아침밥을 먹고 나리와 함께 북경 구경을 나섰다.[30] 장복이는 우리가 열하까지 다녀오는 사이 북경에 이곳저곳을 둘러보았다며 안내를 자청했다. 나리는 이 모습이 귀여우셨는지 장복이가 이끄는 대로 따라 가셨다.

장복이는 가는 곳마다 아는 척했지만, 사실은 거의 아무 것도 알지 못했다. 하지만 나리는 북경이 처음이라면서도 마치 손금처럼 북경의 명소를 꿰뚫고 있었다. 우리는 하도 신기하여 어찌 이곳에 사신 분마냥 이리 잘 아시는지 물어봤다.

"그건 말이다. 내 친구 중에 담헌 홍대용과 초정 박제가가 있는데, 그 친구들이 나보다 먼저 북경의 사신단으로 다녀와 써 놓은 기행문[31]이 있었기 때문이지. 나와 친구들은 이들의 기행문을 서로 돌려가며 읽고 이야기를 나누었기에 북경에는 한 번도 안 와 봤지만, 마치 친숙한 곳에 온 듯 낯설지 않은 것이다. 무릇 여행을 할 때에는 무작정 가는 것이 아니라, 자신이 가는 곳의 다양한 정보들을 알고 가야만 시간을 낭비하지 않고 알뜰하게 여행할 수 있지. 아는 만큼 보이고, 보이는 것만큼 알게 되니, 너희도 이번에 청나라에서 본 것들을 잘 기억해 두었다가, 나중에 다시 올 일이 생기면 잘 써먹도록 하거라."

나리는 이렇게 말씀하신 연후에 장복이보다 앞장 서 이곳저곳을 다니시면서 우리에게 자세히 설명해 주셨다. 우리는 나리의 친절함에 놀라하며 송구스러운 마음으로 따라다녔다.

문연각에 다다르자, 나리는 옷깃을 여미셨다. 까닭을 물으니 이렇게 대답하셨다.

"이곳은 병자호란 후에 소현세자 저하가 청나라로 잡혀 와 머물렀던 곳이다. 약소국의 왕자로서 이곳으로 잡혀 와 계시면서 얼마나 가슴이 아팠을까 생각하니 저절로 가슴이 아프구나. 고국으로 돌아와서도 얼마 살지 못하시고 돌아가셨으니 참으로 안타깝기 그지없구나."

나리는 안타까운 표정으로 누각의 기둥을 어루만지셨다. 우리도 갑자기 숙연해져 나리의 뒤를 소리 없이 따랐다. 문연각은 일종의 도서관이라고 하나 자물쇠가 잠겨 있어 안으로 들어가 보지 못하였다.

나리와 이곳저곳을 구경했는데, 중국 건물과는 확연히 다른 곳에 이르렀다. 천주당이라는 곳인데, 나리를 따라 건물 안으로 들어가니 어마어마하게 큰 악기와 알록달록한 벽화들이 내부를 장식하고 있었다.

악기는 풀무를 불어서 바람을 일으키는 것처럼 바람을 만들어 크고 작은 구멍을 닫았다 열었다 하면서 소리가 나온다고 하는데, 내가 들어 보니 생전 처음 듣는 소리라 이 세상 소리 같지 않았다. 건물 안쪽 전체에 울려 퍼지는 소리는 천둥처럼 크지는 않았지만 마치 거대한 파도가 부드럽게 밀려오는 것 같은 느낌이었다. 나리는 이곳은 서양의 하느님을 섬기는 곳이라 말씀하셨다.

그래서 내가 왜 조선에는 이런 건물이 없냐고 묻자, 나리는 임금님께서 금하시는 종교라서 건물을 지을 수 없다고 말씀하셨다.

그곳에 있는 벽화들을 보고 있노라면 정신이 아득해진다. 날개 달린 아이들이 발가벗고 하늘에 떠 있고, 한 여인이 어린 아이를 무릎에 앉혀 놓았는데, 아이의 얼굴을 보니 병색이 완연하고 그 아이를 쳐다보는 여인도 근심 걱정이 가득한 얼굴이다. 주변에 모여 있는 사람들도 모두 병든 아이를 쳐다보는데 처참한 광경에 고개를 돌린 자들도 있었다.

다른 그림을 보니 새의 날개가 붙은 기이한 수레가 땅으로 곤두박질하고 있었고, 박쥐 같이 생긴 새까만 놈을 철퇴로 짓이기는 장면이 보였다. 천장에도 그림이 있는데, 구름 위에 어린 아이들이 떨어지고 있는 모습이어서 구경하는 사람마다 소리를 지르며 아이를 받으려 하였다.

나는 천주당을 빠져 나오며 나리에게 말했다.

"선물은 웅장한데 들어가 보니 사람 혼을 쏙 빼놓을 것 같습니다요. 저런 곳에서 하루만 있다가는 멀쩡하던 사람도 미쳐 나오겠는 뎁쇼."

나리는 웃으며 말씀하셨다.

"빨리 나오길 다행이다. 나도 힘들었다."

그밖에도 여러 군데를 돌아다녔으나, 일일이 기억나지는 않는다. 나리를 따라 돌아다니다 보니 점심 때를 놓쳤다. 배에서 꼬르륵 소리가 연이어 나자 나리는 나와 장복이를 쳐다보시며 "밥때를 놓쳤구나. 금강산도 식후경이라 했거늘, 밥 먹고 또 돌아다니자." 하신다.

나리는 신 나셨지만, 우리는 정말 고생길이 훤하다. 저녁 늦게야 숙소로 돌아왔다.

8월 23일
맑음 바람이 선선함

나리는 아침을 들고 일찍 나가셨다. 나와 장복이는 숙소에 머물렀다. 어제 하루 종일 돌아다녀 오늘도 또 같이 가자고 하시면 어쩌나 걱정이었는데, 참말로 다행이다.

　나리도 어제 우리가 도움이 되는 게 아니라 짐이 되었나 보다. 한편으로는 죄송스러웠다. 나리보다 한참이나 젊은 놈들이 이리 힘든데, 정말 나리는 강철 체력이다.

[28] 《열하일기》에서 기록된 일정은 여기에서 끝난다. 앞으로의 일정은 작가에 의해서 창작된 것이다.

[29] 〈환희기〉라는 기록으로 《열하일기》에 남아 있다. 열하에서 구경한 20가지 요술이야기와 요술에 담긴 의미, 요술이 주는 교훈 등이 재미나게 소개되어 있다.

[30] 〈황도기략〉에 북경의 이곳저곳에 대해 소상히 기록되어 있다. 박지원은 마치 북경 안내 책자를 만들 듯이 북경의 곳곳을 돌아다니며 장소의 지리적 특성과 장소에 얽힌 이야기를 기록하였다.

[31] 청나라 사신단의 일원으로 다녀온 홍대용은 《을병연행록》을, 박제가는 《북학의》를 남겼다. 《을병연행록》은 홍대용이 35세였던 1765년 겨울 청나라로 떠났다가 북경에 머물고 나서 이듬해 봄에 돌아와 남긴 기록으로 청나라의 문물에 대하여 소상히 기록하고 있다. 한편 《북학의》는 박제가가 1778년 체제공의 수행원으로 청나라에 다녀와서 남긴 기행문이다. 청나라의 문물을 소개하고 청나라의 문물을 적극적으로 수용해야한다는 견해를 드러냈다.

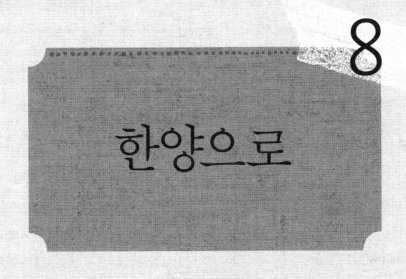

한양으로

8

이 장은 《열하일기》에는 없는 대목으로 저자의 상상의 산물이다. 사신단은 9월 17일까지 근한 달간 북경에서 머물렀고, 10월 27일에 한양에 도착했다.

9월 18일

맑음

드디어 북경을 떠나 한양으로 가는 날. 정사 나리는 전날 밤 서장관 나리를 시켜 한양으로 돌아간다는 소식을 파발마로 띄워 보내라고 명했다. 열하에서 북경에 이르기까지의 노독을 충분히 풀었으니 더이상 지체할 수 없다고 말씀하셨다.

북경의 관리들이 나와 사신단을 배웅해 주었다. 북경으로 올 때의 환대보다는 훨씬 덜 하지만, 고향으로 돌아간다는 마음에 사신단은 모두 가벼운 마음으로 작별을 고했다. 이것으로 모든 공식 일정은 마무리 된 것이다.

지금부터는 무사히 조선으로 돌아가는 일만 남았다. 왔던 길 2,300리를 되돌아가는 길이다. 짐은 비록 단출해졌지만 멀고도 험한 길이 다시 눈앞에 놓여 있다. 나는 짚신을 꽉 동여맸다. 오로지 발만 믿으며 이 길을 가야한다. 허투루 한눈 팔아서는 안 된다.

9월 25일
바람이 심하게 붐

옥갑에 도착했다. 다들 지쳐 있었다. 하루 종일 걸었기에 다리도 퉁퉁 부어올랐다. 산을 탈 때도 오를 때보다는 내려갈 때 더 힘들다고 하는데, 귀국길이 사행길보다 더욱 힘들었다. 마음을 다잡고 걸었지만 힘든 것은 어쩔 수 없었다.

정사 나리는 이런 사정을 살피시고, 오늘은 일찍 쉬고 내일 떠나자고 하셨다. 모두들 환호성을 질렀다. 북경을 떠날 때부터 힘들어하던 장복이는 털썩 주저 않더니 종국에는 옆으로 쓰러져 코를 골았다.

저녁밥도 먹지 않고 자면 더욱 힘들어진다는 것을 경험으로 알기에, 저녁을 챙겨 장복이를 먹게 하고, 나리의 침소를 찾아갔다. 그런데 나리는 벌써 저녁을 챙겨 드시고 비장들의 숙소로 가셨다고 한다. 그래서 찾아가 뵈었더니 나리는 침상을 나란히 붙여 놓고 비장들과 이야기를 나누고 계셨다.

날 보시더니 피곤하면 먼저 자라고 말씀하시고, 곧장 비장들의 이야기 속으로 빨려 들어가셨다.[32] 피곤하지도 않으신가 보다. 나는 간단히 인사를 드리고 숙소로 돌아왔다. 이내 깊은 잠에 들었다.

9월 27일

맑아졌다 흐림. 갑자기 소나기가 쏟아짐

오랜만에 꿀잠을 잤다. 나리는 잠을 주무신 것인지 아니면 밤을 새신 것인지 알 수 없으나, 벌써 일어나 마당을 서닐고 세셨나.

"나리 안녕히 주무셨습니까?"

"그래, 너도 잘 잤느냐? 장복이는?"

"장복이는 아직 꿈나라에 있습니다요."

"좋은 나라에 가 있구나. 어서 깨워라. 정사 어른께서 일찍 출발하신단다."

"네, 나리."

장복이를 깨우고 아침 식사를 간단히 마친 후 행장을 꾸려 다시 길을 나섰다. 산해관에 가서야 푹 쉴 수 있다는 하달이 떨어졌다. 깊이 잠을 자서 그런지 몸이 가뿐하다. 장복이를 보니 장복이는 말 머리를 붙잡고 꾸벅꾸벅 졸고 있다. 내가 깨우려고 하니 나리는 그냥 두라고 하셨다.

"너는 졸리지 않느냐?"

"네, 나리. 푹 잤습니다요. 그런데 나리는 비장들과 재미난 이야기를 나누시는 것 같던데, 잠은 제대로 주무셨습니까요?"

"자기는 무슨, 꼬박 밤을 새웠다."

"아니 잠도 안 주무시고 졸리지 않으신가요?"

"하나도 안 졸리다. 오히려 정신이 너무도 말짱하구나."

"놀랍습니다요. 도대체 나리는 언제 주무시는지 모르겠습니다요."

"잠이야 한양에 가면 실컷 잘 터인데. 나는 이번 사행 기간 동안 될 수 있는 한 많은 이야기를 듣고 나누고 싶단다. 그래야 한양에 있는 친구들에게 재미난 이야기를 많이 해 줄 것 아니냐."

이렇게 말씀하시고는 웃으신다.

한적한 숲길로 들어갔다.

"길이 심심한데 내 재미난 얘기 하나 해 주련?"

"아이고, 저야 좋습지요."

"그럼 역관 홍순언 이야기를 해 주마. 지금으로부터 200년 전 사람인데, 이 사람이 사신 행렬을 따라 북경에 갔을 때, 기생집에 놀러 갔단다. 기생의 미모에 따라 값이 달랐는데, 천금이나 하는 기생이 있다는 이야기를 듣고, 천금을 내어 수청을 들게 하였다더라.

한 여인이 들어왔는데 과연 절색이었다는구나. 그래서 기생을 하게 된 사연을 물은 즉, 자신의 몸값이 천 냥인데, 의기 있는 사람이 천 냥 빚을 갚아 준다면 그의 소실으로라도 들어갈 생각으로 그리했다고 말했단다. 그런데 역관은 조선 사람이고, 조선 사람을 따라서는 소실로 들어갈 수 없다며 슬피 울더라는구나. 그래서 기생이 되기 전에는 어찌 살았느냐고 물었단다. 그랬더니 원래는 남경에 호부시랑을 지내던 아무개의 여식인데, 아비가 죄를 지어 집을 몰수당하고, 돈이 없으면 아비가 죽게 생겼기에 아비의 목숨을 구하고자 기생이 되었다더라."

"그래서요?"

나는 어느새 나리의 말씀에 흠뻑 빠져들었다.

"그래서 홍순언은 아비를 살리고 기생에서 벗어나려면 얼마가 필요하냐고 물었더니, 오천 금이라고 하기에 즉시 셈을 치르고 그 여인과 작별을 하였단다."

"홍순언이라는 역관은 돈도 많고 아주 의로운 분이었군요."

"그렇지. 그래 몇 년이 지난 후에 다시 역관으로 청나라로 왔는데, 길에서 자신을 찾는 사람이 있더라는 게야. 무슨 일인지 연고를 물으니, 자신을 따라 오라며 길을 안내하더라는구나. 그래 길을 따라 갔더니 커다란 장막을 쳐 놓고 그를 환영하면서 병부상서집으로 모신다는 게야. 병부상서라면 청나라의 병권을 장악하고 있는 아주 높은 신분이지.

놀라서 따라갔겠지. 병부상서 집에 도착하자 석 상서가 환영을 하며 절을 하더래. 그러면서, '장인어른 인사드립니다. 따님이 장인어른을 기다린 지 참으로 오래되었습니다' 하고 내실로 인도하더래. 그곳에는 한 귀부인이 인사를 하는데, 자세히 살펴보니 과거에 자신이 속량해 준 바로 그 여인이었다는 게지."

"참으로 아름다운 이야기네요."

"그 여인은 기생집에서 나와 곧바로 석씨의 재취로 들어갔고, 남편 석씨가 점점 벼슬이 높아져 병부상서에 이른 거지. 그 여인은 덩달아 지위가 높아졌음에도 항시 비단을 손수 짜서 그 위에 '보은(報恩)' 그러니까 은혜를 갚는다는 글자를 항상 수놓았다고 해. 홍역관이 귀국했을 때에는 그 비단에 금은보화를 싸서 보내 왔는데 얼마나 많은지 셀 수 없었다고 하는구나."

"아이고 홍 역관님은 복이 터졌네요."

"그런데 이야기는 거기서 끝나지 않아. 임진년 조선에 왜구가 쳐들어 왔을 때, 이 병부상서는 장인의 나라에 왜구가 들어왔다며 출병을 강력히 주장했다는 게야. 조선 사람들은 의로운 사람이라면서 말이지."

"정말요?"

"한 사람의 착한 행실이 돌고 돌아서 나라를 살리는 일까지 하게 된 것이지."

나는 나리의 이야기에 감동했다. 일개 역관이 나라를 구한 셈이니, 이 어찌 놀라운 일이 아닌가.

"나리, 어제 비장들하고 이런 이야기를 나누신 겁니까?"

"그렇지 밤새도록 이야기를 해도 새로운 이야기가 끝없이 나오더

라. 그러니 어디 잠을 잘 수 있어야지. 어때, 재밌느냐."

"네, 나리. 참으로 재밌습니다요."

"하나 더 해 주련?"

"빨리 해 주십시오, 나리."

"이번에는 부자 변승업이란 사람에 대한 이야기이다. 그가 병이 들었을 때 자신의 재산이 얼마나 되며, 자신이 빌려 준 돈이 얼마나 되는지 회계를 맡고 있는 청지기들을 모아 장부를 계산하게 하였단다. 그랬더니 도합 은 오십만 냥이나 되었다는구나."

"은 오십만 냥이라굽쇼?"

"그래 은 오십만 냥은 한 지역을 들었다 놨다 할 만한 재산이지. 그런데 그 아들이 '아버님이 편찮으시고, 돈을 빌려 주고 거두고 하는 것이 번거로우니 이번 기회에 아예 모두 거둬들이는 것이 어떻겠습니까?' 하고 말했대. 그러자 변 부자는 크게 화를 내고 아들을 꾸짖으며, '이 돈은 한양 도성의 일만 가구의 목숨 줄이거늘, 어찌 이를 하루아침에 돌려받아 그들의 목숨을 위태롭게 하겠느냐'고 했다네."

"부자인데다가 마음 씀씀이도 아주 넓군요."

"그렇지. 이런 사람이 진짜 부자지."

"그런 사람이 조선에 많았으면 좋겠습니다요."

"그러게나 말이다. 이 변 부자는 늙어 죽을 때에 이르자 자손들을 불러 모아 주의를 주면서 이렇게 말했다고 하는구나.

'나라 안에서 돈놀이 하는 사람치고 우리 집안의 돈이 들어오고 나가는 것을 가지고 이자의 기준을 삼지 않는 이가 없으니, 우리 집안 재산이 나라의 국론을 좌우하는 것이다. 이것은 아주 위험한 것이다. 너희가 안전하게 살기 위해서는 재물을 흩어 버려야겠구나. 그렇게 하지 않는다면 장차 너희에게 화가 닥칠 것이다.'

이렇게 말하고서는 자신이 빌려 준 돈을 면제해 주거나, 갖고 있는 재산을 가난한 사람에게 나눠 주었다는구나. 그렇게 되자, 변 부자의 자손들은 비록 부자로 살지는 못했지만, 모두 장수를 누리며 건강하게 살았다고 한다."

"돈이란 것이 참으로 무섭고도, 놀랍고도, 고마운 것이군요."

"그렇지 돈의 노예가 되면 돈 때문에 망하고, 돈의 주인이 되면 착한 일을 많이 하는 훌륭한 사람이 될 수 있다는 사례지."

나는 나리가 해 주는 이야기가 참으로 좋았다. 재미도 재미려니와 뭔가 묵직한 생각거리를 던져 주었다.

"그런데, 어느 날 이 변 부자에게 허생이라는 사람이 찾아온 거야.[33]"

"나리, 이야기가 아직 끝난 것이 아닌가요?"

"끝나기는 이놈아, 이제 막 시작이다."

신 나서 나리의 다음 이야기를 기다렸다. 바로 그때 하늘에서 천둥소리가 들리더니 갑자기 먹구름이 어둡게 드리우고, 소나기가 쏟아져 내리기 시작했다. 졸고 있던 장복이도 놀라 깨고, 말도 소나기 때문인지 흥분하여 흐흥 소리를 질렀다. 너무나 순식간에 벌어진 일이라 나도 나리도 이야기를 하고 있다는 사실도 잊은 채 달리기 시작했다. 한참 날려가다 보니 실가에 낡은 사냥이 한 채 있었고, 이미 사신단 일행이 그곳에서 비를 긋고 있었다.

점심 때가 되어 비는 그쳤지만 강물이 갑자기 불어서 사신단은 그 강물을 건널 수가 없었다. 할 수 없이 근처에서 점심을 해결하기로 했다. 마부 한 명이 물고기를 잡겠다며 강물에 들어갔다가, 휩쓸려서 물을 많이 먹고서야 건져낼 수 있었다. 마부의 숨은 돌아왔으나 물을 너무 많이 먹어서인지 숨이 껄떡거렸다.

의원을 찾았으나 의원은 어디로 갔는지 찾을 수가 없었다. 그때 박지원 나리가 뛰어오더니 강가에 있는 민가에 가서 오리의 피를 받아오라는 것이었다. 나는 사태의 화급함을 깨닫고 민가로 달려가 오리 한 마리를 잡아다가 피를 받아 돌아왔다.

나리는 숨을 껄떡이는 마부에게 그 피를 먹게 하였다. 그랬더니 정말 신기하게도 그 마부의 숨이 고르게 돌아오더니 정신을 차리는 것이었다.[34] 주변에서 발을 동동거리며 구경하던 하인들도 우와 하면서 경탄했다. 나리가 아니었다면 귀국 도중에 송장 치를 뻔한 사건이었다.

점심을 먹고 한두 시간이 지나자 물이 건널 수 있을 정도로 줄어들었다. 근처에는 사신단이 머물 곳이 없어서 큰 민가 촌까지 가기로 했다. 길을 걷는데, 아까 나리가 목숨을 건져 준 마부가 달려와 수차례나 인사하며 고마움을 표시했다. 나는 나리를 모시는 마부로서 어깨가 으쓱해졌다.

"그런데 나리. 나리는 언제 의술까지 배우셨습니까요?"

"의술을 자세히 배운 것은 아니다. 내가 살았던 연암협은 산중이라 의학 서적이 없을 뿐 아니라 의원도 멀리 있고 약재를 구하기도 어려웠다. 그러니 아프면 알아서 이런저런 처방을 어림짐작으로 했는데 그중에 효험이 있는 것이 있어 기억해 둔 것이다. 그리고 이번에 북경에서 의서를 가지고 있는 친구를 만나 내가 필요한 내용을 골라 기록해 놓은 것이 있었다. 그래서 의학 지식이 조금 생긴 것뿐이다. 아까도 오리 피를 먹인 것이 효험이 있을지는 알 수 없었으나 의서에서 베낀 것이 기억나 한번 써 본 것이다. 효험이 있었으니 참 다행이로구나."

나리가 겸손하게 말씀하셨다. 그러자 장복이가 물었다.

"나리, 그러면 무사마귀를 없애는 방법도 아십니까요?"

"알다마다. 가을 바닷물로 씻으면 곧 가라앉아 흔적이 없어진다. 이는 내 사촌 동생이 얼굴에 난 무사마귀로 고생했을 때, 어씨 성을 가진 늙은 의원이 알려 준 처방으로 즉시 효과를 보았다."

나리는 웃으며 알려 주셨다. 나도 궁금한 것을 물어보았다.

"나리 그럼 바늘을 삼켜서 뱃속으로 들어가면 어떻게 하면 됩니까요? 우리 마을에 한 어린 아이는 실수로 바늘을 삼켰다가 그만 죽고 말았는뎁쇼."

"그럴 때는 참나무 숯가루 세 돈쭝[35]을 우물물에 타서 마시면 내려간다는구나. 또 다른 처방을 찾아 적어 놓기는 했는데, 효과가 있을지는 모르겠구나."

"어떤 처방인뎁쇼?"

"자석을 항문에 두어서 당겨 내리게 하는 것인데, 내가 해 보지도 않았고 믿기지도 않는구나."

"중국 사람들은 별 희한한 처방이 다 있군요."

"그러게 말이다."

이번에는 장복이가 묻는다.

"나리 이번에 돌아가면 우리 누이가 곧 해산할 때가 되는데, 혹시 해산에 도움이 되는 처방도 있습니까요?"

"있다. 피마자 한 개를 찧어서 발바닥 가운데 용천혈에 붙이면 순산하게 된다는구나. 그런데 주의할 점은 해산을 한 후에는 붙였던 것을 즉시 떼어야지, 떼지 않으면 하혈이 멈추지 않는 수가 있으니 조심해야 한다."

장복이는 나리의 말을 듣고 "피마자, 용천혈, 즉시 떼기. 피마자,

용천혈, 즉시 떼기"를 수십 번 반복하여 되뇌었다.

　나리는 장복이가 되뇌는 모습이 갸륵했는지, 처방 하나를 더 알려 주셨다. 이른바 양기를 돋우는 법. 처방은 이렇다. 가을 잠자리를 잡아서 머리와 다리, 날개를 떼어 버리고 아주 곱게 갈아서 쌀뜨물에 반죽하여 둥글게 환을 만들어 먹으면 된다. 세 홉을 먹으면 자식을 만들 수 있고, 한 되를 먹으면 노인도 젊은 여자와 사랑을 나눌 수 있다 하니 과연 비방 중에 비방이라 하지 않을 수 없다.

　갑자기 장복이가 말고삐를 나에게 맡기더니 앞으로 내달리기 시작했다. 어디를 가냐고 물으니, 장복이가 큰 소리로 외쳤다.

　"잠자리 잡으러 간다. 잠자리 많이 잡으면 너도 좀 나눠 줄게."

　나리와 나는 장복이가 달려가는 모습을 보며 큰 소리로 웃었다. 장복이도 달리면서 깔깔거렸다. 우리의 웃음소리가 숲속 길에 크게 울려 퍼져 나갔다.

[32] 옥갑에서 비장들과 나눈 대화는 〈옥갑야화〉에 자세히 수록되어 있다. 〈옥갑야화〉에는 박지원의 걸작 소설 '허생전'이 담겨 있다.

[33] 〈옥갑야화〉에 실려 있는 '허생전'의 이야기를 막 시작하려는 것이다. '허생전'은 학교 국어 교과서나 문학 교과서에 실려 있으니 찾아 읽어 보시길!

[34] 《열하일기》에 부록처럼 딸려 있는 의약 처방 기록인 〈금료소초〉에 나온 처방 중 하나이다. 〈금료소초〉는 박지원이 중국의 의서에서 필사한 비상 처방과 직접 경험하여 알게 된 몇 가지 처방이 수록되어 있다. 여기서는 그중 몇 가지 처방만 소개한다.

[35] 돈쭝(또는 돈) : 금. 은 등의 귀금속이나 한약재의 무게의 단위를 나타내는 말로 1돈쭝은 3.75그램이다.

5년이라는 시간을 들여 나의 기행문이 완성되었다. 한번 써 보지 뭐 하는 객기는 얼마 지나지 않아 절망으로 다가왔다. 글을 읽는다는 것과 생각을 한다는 것은, 글을 쓴다는 것에 비하면 아무것도 아니라는 생각이 들었다.

몇 번이고 붓을 꺾어 문밖으로 내던졌다. 글을 지속적으로 쓸 수 있었던 것도 아니다. 마부가 필요한 곳이면 어디든지 달려가야 했기에 어떤 때는 달포가 넘도록 집에 들어오지 못한 적도 있었다.

그럼에도 포기하지 않고 나의 기행문을 완성할 수 있었던 것은, 연암 나리의 편지글 때문이었다. 나의 재주를 한탄하고, 이미 써 놓은 글들을 불살라 버린 적도 있었다. 하지만 그럴 때마다 꿈속에서 연암 나리가 나타나서 부드럽게 웃으며 내 어깨를 두드려 주셨다. 서두르지 말고. 그러나 멈추지도 말고, 그렇게 말씀하셨다.

기행문을 쓰는 것은 참으로 흥미진진한 일이다. 이미 과거가 되어 사라져 버린 일들이 마치 오늘 벌어진 일처럼 생생하게 떠올랐다.

도대체 기억이라는 것은 어디에 저장되어 있다가 나타나는 것일까? 또 어떤 방식으로 숨어 있다가 갑작스럽게 등장하는 것일까?

과거는 지나간 시간이므로 지금 여기에는 없다. 어제의 일을 오늘 다시 고스란히 겪을 수도 없다. 사람들은 시간은 흐르는 물과 같다고 한다. 오늘 우리가 보고 있는 강물은 어제의 강물이 아니다. 한번 흘러가면 다시 오지 않는 것이 시간이다. 시간이 그러한 것이라면 과거의 일들은 이미 흘러간 시간에 휩쓸려 사라져 버렸을 것이다.

그런데 어찌된 일인가? 나는 25년이나 지난 일들을 또렷이 기억하고 있지 않은가? 그렇다면 기억은 시간처럼 흘러가는 것이 아니라 먼지처럼 쌓여 가는 것일까? 시간이 흐를수록 먼지가 두텁게 쌓여가듯이, 기억 또한 그렇게 쌓이고 쌓여서 단단하게 내 몸 어딘가에 저장되어 있다가, 부채를 흔들면 바람에 먼지가 날아가듯이, 그렇게 떠오르는 것일까?

나의 기억은 나만의 것이 아니었다. 연암 나리가 《열하일기》에서 나를 기억하시고 글을 쓰셨듯이, 나 또한 나의 기행문에서 연암 나리를 무수히 떠올렸다. 어찌 연암 나리뿐이겠는가? 나와 동고동락하며 청나라에 다녀온 장복이도 떠오르고, 성격이 괄괄하던 득룡이 형님도 떠오르고, 늘 친절했던 대종이 형님, 시대 형님, 태복이 형님도 떠오른다. 그분들도 내가 떠오를까? 왜 안 떠오르겠는가. 내가 이토록 절절히 떠오르는데.

그렇게 생각해 보면, 기억을 먼지에 비유하는 것은 적절하지 않은 것 같다. 기억은 내가 같이 살았던, 나와 숨결을 나누고, 웃음과 울음을 같이 나누던 모든 이의 삶이 단단하게 뭉쳐진 성곽과 같은 것일지도 모른다.

연암 나리는 청나라에서 벽돌을 예찬하신 적이 있었다. 그 하나하나는 비록 작고 힘없어 보이지만, 모이고 뭉치면 그 어떠한 바위보다 튼튼하고, 그것으로 성곽을 쌓으면 어떠한 오랑캐도 침범할 수 없다고 말씀하셨다.

그렇다면 내가 지은 이 기행문은 나와 함께 삶을 나누었던 모든 사람의 기억으로 만들어진 하나의 거대한 성곽이리라.

나의 이 기행문을 연암 나리에게 바쳐야겠다고 다짐했다. 나리가 이 기행문을 읽으신다면 어떠한 표정을 지으실까? 잘은 몰라도 분명 자랑스럽게 생각하실 것이다. 내 어깨를 두드리며 예전처럼 껄껄거리고 웃으실 것이다. 우리 연암 나리는 그런 분이시다. 뛰어넘을 수 없는 신분 따위는 아랑곳하지 않고 나를 친구처럼 여겨 주신 분, 내 생각을 잘 들어 주셨다가 좋은 충고를 아낌없이 해 주신 분, 나리가 이러한 표현을 싫어하시지 않는다면, 나는 이 기행문을 '우정의 기행문'이라고 말하고 싶다.

맺이머

기행문을 두 질 깨끗하게 써서 하나는 보관하고, 하나는 비단에 묶어 두었다. 나리에게 드릴 기행문이다. 한양에 계신 나리에게 갈 때에는 장복이도 불러 가야겠다. 장가간 장복이놈도 좋아라 춤을 추겠지. 이제 우리도 나이를 먹을 만치 먹었으니, 나리와 술 한 잔 기울어도 좋겠다. 그리고 기행문 몇 줄을 큰 소리로 읽으며 흥을 돋워야지. 나리는 껄껄 웃으시고, 장복이는 포복절도 하겠지. 그럼 나는 벌떡 일어나 춤을 출 것이다. 그리고 큰 소리로 외칠 것이다.

나리와 함께 한 시간이 정말 좋았다고,

나리로 인해서 세상을 다르게 볼 수 있었다고,

나리 덕분에 인생을 즐겁게 살 수 있었다고,

너무나 감사하다고.

환한 바람이 분다. 마구간에 말들이 힝힝 거린다. 너도 나리께 달려가고 싶으냐? 나도 그렇다. 내일 바람을 가르며 달려가 보자꾸나. 한양이 아무리 멀어도 한달음에 말이다. 창대야, 말 달리자.

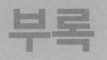

부록

10대까지

● 1737

(음력 2월 5일) 반남 박씨 박사유와 함평 이씨 사이 2남 2녀 중 막내로 태어났다. 휘는 지원, 자는 중미, 호는 연암이다.

● 1739

(3세) 형 희원 장가들다. 형수는 이씨로 16세에 시집와서 어린 연암을 잘 돌보았다.

● 1741

(5세) 경기도 관찰사를 제수받은 조부를 따라갔다가 한 번 본 감영의 모양과 칸수를 말하였다.

● 1752

(16세) 관례를 올리고 유안재 이보천의 딸과 혼인했다. 장인 유안재에게 《맹자》를 배우고, 처숙인 홍문관 교리 이양천에게 문장 짓는 법을 배웠다. 연암이 〈항우본기〉를 모방하여 〈이충무전〉을 지었는데, 반고와 사마천과 같은 글솜씨가 있다고 크게 칭찬받았다.

● 1754

(18세) 우울증으로 고생했다. 사람들을 청해 재미있는 이야기를 들으면서 우울증을 고쳐 보고자 했다. 〈민옹전〉에 나오는 민유신을 만난 것도 이 무렵이다. 거지 광문의 이야기로 〈광문자전〉을 썼다.

● 1755

(19세) 연암의 학문을 지도했던 영목당 이양천이 40세의 나이로 별세했다. 연암은 그의 죽음을 애도하여 '제영목당이공문(祭榮木堂李公文)'을 지었다.

20대

● 1756

(20세) 김이소, 황승원, 홍문영, 이희천, 한문홍 들과 북한산 봉원사 등을 찾아다니며 공부했다. 봉원사에서 윤영을 만나서 허생의 이야기를 전해 들었다. 이 무렵 〈마장전〉과 〈예덕선생전〉을 지었다.

● 1757

(21세) 시정의 기이한 인물이나 사건을 듣고 〈방경각외전〉을 썼다. 불면증과 우울증이 깊어졌다.

● 1759

(23세) 어머니 함평 이씨가 59세의 나이로 죽었다.

● 1760

(24세) 할아버지 박필균이 76세의 나이로 죽었다. 조부의 신중한 처신과 청렴한 생활은 연암에게도 큰 영향을 끼쳤다.

● 1761

(25세) 북한산에서 독서에 매진하였는데 이때 수염이 은백이 되었다고 한다. 성균관 시험을 치러 들어가서는 고목이나 노송 등만 그려 놓아 과거에 뜻이 없음을 보였다.

● 1764

(28세) 효종이 북벌 때 쓰라고 송시열에게 하사했다는 초구를 구경하고 '초구기(貂裘記)'를 썼다. 〈양반전〉과 〈서광문전후〉를 지었다.

● 1765

(29세) 벗 김이중(金履中, 1736-1793)이 나귀를 팔아 마련해 준 돈으로 가을에 유언호, 신광온 등과 금강산을 유람하였다. 삼일포, 사선정 등 금강산 일대를 두루 돌아보고, '총석정 해돋이(叢石亭觀日出)'를 썼다. 이 글은 《열하일기》에도 수록되어 있다. 〈김신선전〉을 지었다.

홍대용이 작은아버지 홍억의 수행원으로 연행을 하였다(12월 27일 북경 도착, 다음 해 5월 2일 귀향).

30대

● 1766

(30세) 장남 종의가 태어났다.

홍대용이 중국 문인들과 나눈 필담을 정리한 '건정동회우록(乾淨衕會友錄)'의 서문을 썼다. 홍대용과 중국 사람들의 우정을 예찬하고, 청을 무조건 배격하는 사람들을 비판하는 내용이다.

● 1767

(31세) 아버지 박사유가 65세의 나이로 죽었다. 장지 문제로 녹천 이유 집안과 시비가 벌어졌다. 이 일로 상대방의 편을 들어 상소를 올렸던 이상지가 스스로 관직에서 물러난 것을 보고 이때부터 연암도 스스로 벼슬길을 단념하였다. 삼청동에 있는 무신 이장오의 별장에 세를 얻어 살기 시작했다. 〈우상전〉, 〈역학대도전〉, 〈봉산학자전〉을 지었다.

● 1768

(32세) 백탑 근처로 이사해 이덕무, 이서구, 서상수, 유금, 유득공 등과 가까이 지냈다. 박제가(朴齊家), 이서구(李書九)가 제자로 입문하였다.

● 1770

(34세) 많은 이가 박지원을 급제시켜 공을 세우려 했으나, 회시에 응하지 않았고 응시하더라도 시권을 제출하지 않거나 아예 노송과 괴석을 그려 제출하여 벼슬할 뜻이 없음을 밝혔다. 이후 다시는 과거를 보지 않았고 술을 많이 마시게 되었다.

● 1771

(35세) 큰누님 박씨가 43세로 돌아가셨다. 누님의 죽음을 슬퍼하면서
'백자증정부인박씨묘지명(伯姉贈貞夫人朴氏墓誌銘)'을 썼다. 이덕무, 백동수 등과
송도, 평양을 거쳐 천마산, 묘향산, 속리산, 가야산, 단양 등 명승지를 두루
유람했고, 황해도 금천 연암골을 보고는 아주 좋아했다.

● 1772

(36세) 식솔들을 광릉 석마향(石馬鄕, 지금의 경기도 성남시 분당 일대)에 있는
처가로 보내고 서울 전의감동에 혼자 살기 시작했다. 가까이 지내던 홍대용, 정철조,
이서구, 이덕무, 박제가, 유득공 등 여러 벗과 더욱 친하게 사귀었다. 박제가의 문집
《초정집(楚亭集)》에 법고창신의 문학론을 담아 서문을 썼다.

● 1773

(37세) 유등곡, 이덕무와 서도를 유람했다. 허생의 이야기를 해 주었던 윤영을 또
만났다.

40대

● 1777

(41세) 장인 이보천이 64세의 나이로 죽었다. 장인을 추모하는 글
'제외구처사유안재이공문(祭外舅處士遺安齋李公文)'을 썼다.

● 1778

(42세) 사은진주사 일원으로 북경으로 떠나는 이덕무와 박제가를 전송했다.
가난한 집안 살림을 도맡아 왔던 형수 이씨가 55세로 돌아가셨다. 서울 생활을
청산하고 홍국영의 견제를 피해 연암골에 은둔하였다. 초가삼간을 장만하고 손수
뽕나무도 심었다. 형수의 유해를 연암으로 옮기고
'백수공인이씨묘지명伯嫂恭人李氏墓誌銘'을 썼다.

● 1779

(43세) 이덕무, 박제가, 유득공이 규장각 검서로 발탁되었다.

● 1780

(44세) 홍국영이 실각하자 서울로 돌아와 처남 이재성의 집에 머물렀다. 삼종형인 금성도위 박명원을 따라 북경으로 갔다. 5월에 떠나 6월에 압록강을 건넜고, 8월에 북경에 들어갔다가 열하에 들러 다시 북경으로 돌아와 10월에 귀국하였다. 돌아오자마자 《열하일기》를 쓰기 시작했다. 둘째 아들 종채가 태어났다. 〈허생전〉, 〈호질〉을 짓다.

● 1781

(45세) 당시 영천 군수로 있던 홍대용은 얼룩소 2마리, 공책 20권, 돈 200민(緡) 등을 보내면서 연암의 《열하일기》 저술을 격려해 주었다. 박제가가 쓴 《북학의北學議》에 서문을 썼다.

● 1783

(47세) 벗이었던 담헌 홍대용이 53세로 죽었다. 손수 염을 하고, 담헌이 중국에서 만난 벗 손유의에게 부고를 전했다. '나의 벗 홍대용[洪德保墓誌銘]'을 썼다. 이 충격으로 이후 연암은 음악을 끊었다. 《열하일기》의 첫 편 '압록강을 건너서[渡江錄]'의 머리말을 썼다.

50대

● 1786

(50세) 7월 유언호가 천거하여 선공감역에 임명되었다. 연암이 음보(蔭補)로 처음 출사하자 노론 벽파의 실력자 심환지(沈煥之), 정일환(鄭日煥) 등이 찾아와 자파로 끌어들이려 했으나 연암은 그때마다 해학적인 말로 쫓아내었다.

● 1787

(51세) 부인 전주 이씨가 51세로 죽었다. 부인의 상을 당하여 이를 애도한 절구 20수를 지었다 하나 전하지 않는다. 박지원은 그 뒤로 죽 혼자 지냈다. 큰형 희원이 58세로 죽었다. 연암골에 있는 형수의 무덤에 합장했다.

● 1780

(52세) 부인이 죽은 지 1년 만에 맏며느리 덕수 이씨가 전염병으로 죽었다.
장남 종의도 위독했으나 회생했다. 끼니를 끓여 줄 사람이 없어 주위에서 다시
처를 얻으라고 했으나, 듣지 않았다.
선공감 제조인 서유린이 자문감 일을 함께하면서 대궐의 춘장대를 보수해야
했는데, 연암이 벽돌을 구워 쓰는 것이 견고하고 비용도 줄일 수 있다고 제안하여
중국 제도에 따라 가마를 제작하고, 벽돌 크기도 중국의 제도를 따랐다.
《열하일기》에 쓴 그대로 하여 비용을 절감했으나 그때는 쓰지 못했고,
후에 수원성을 축조할 때 이 방법을 사용해 성을 쌓았다.

● 1789

(53세) 평시서주부로 승진했다. 가을에 공무의 여가를 얻어 다시 연암골로
들어갔다.

● 1790

(54세) 삼종형 박명원이 66세로 돌아가셨다. 누구보다 연암의 뛰어난 재질을
아끼고 사랑했던 형이었다. 박지원은 '삼종형금성위증시충희공묘지명(三從兄錦城尉
贈諡忠僖公墓誌銘)'을 썼다. 사복시 주부로 전보되었으나, 사퇴하였다. 사헌부
감찰로 전보되었으나, 사퇴하였다. 제릉령에 임명되자 한가로운 곳에서 마음대로
독서하고 저술할 수 있게 된 것을 기뻐했다. 연암골 가까이에서 일하게 되어 일에서
벗어나면 연암골에서 하루 이틀 소요하였다.

● 1791

(55세) 한성부 판관에 임명되었다. 모함을 받아 강등되어 겨울에는 안의현감으로
부임했다.

● 1793

(57세) 《열하일기》로 잘못된 문체를 퍼뜨린 잘못에 대해 속죄하라는 정조의 하교를
받고, '답남직각공철서(答南直閣公轍書)'를 썼다. 임금의 문책을 받은 처지로 새로
글을 지어 잘못을 덮으려 하는 것은 오히려 누가 되는 일이라는 내용이었다.
벗 이덕무가 53세로 죽었다. 정조가 이덕무의 행장을 짓도록 하여
'형암 행장(炯菴行狀)'을 썼다. 이덕무의 유고집을 내었다.

● 1794

(58세) 아전들이 포탈한 곡식을 원래대로 채워, 창고에 곡식을 10만 휘나 쌓아 두게
되었는데, 호조판서가 그것을 팔 것을 제안하나 수입이 생길 것을 꺼려 곡식을 다른
고을로 옮겨 버렸다.

● 1795

(59세) 차남 종채가 혼인하였다.

60대

● 1796

(60세) 안의현 백성들이 송덕비를 세우려 하자 자기 뜻을 몰라서 하는 일이라며
크게 꾸짖고, 세우지 못하게 했다. 안의현감 임기가 끝나 서울로 돌아왔다. 종로구
계동에 벽돌을 사용하여 계산초당을 지었다. 아들 박종채가 머물렀고,
손자 박규수가 이곳에서 태어났다. 제용감주부에 임명되었다가 의금부도사로
전보되었다. 벗 유언호가 67세로 죽었다.

● 1797

(61세) 7월, 면천군수에 임명되자 임금을 알현하게 되었고, 이때 문체에 관한
이야기를 다시 나누었다.

● 1798

(62세) 연암이 있던 면천군에 천주교가 성행했으나, 천주교도들을 크게 벌하지 않고
기회를 주어 방면했다.

● 1799

(63세) 봄에 흉년이 들자, 안의에서 했던 것처럼 봉록을 덜어 백성을 구휼했다.
농서 《과농소초(課農小抄)》를 썼다.

● 1800

(64세) 6월에 정조가 승하했다. 8월에 양양부사로 승진했다.

● 1801

(65세) 봄에 양양부사를 그만두고 서울로 왔다. 신유박해가 일어났다.

● 1805

(69세) 박지원은 10월 20일, 가회방 재동 집의 사랑에서 69세 나이에 죽었다.[1]

[1] 이상은 위키피디아 백과사전에 수록된 내용을 줄인 것이다.

《열하일기》 목차[2]와 간단한 설명

압록강을 건너며 – 도강록渡江錄

(6/24~7/9, 15일간, 압록강 ➡ 요양)

〈관제묘기〉가 실려 있다.

심양의 이모저모 – 성경잡지盛京雜識

(7/10~14, 5일간, 십리하 ➡ 소흑산)

〈속재필담〉, 〈상루필담〉이 여기 실려 있다.

말을 타고 가듯 빠르게 쓴 수필 – 일신수필馹汛隨筆

(7/15~23, 9일간, 신광녕 ➡ 산해관)

〈장대기〉가 실려 있다.

산해관에서 북경까지의 이야기 – 관내정사關內程史

(7/24~8/4, 11일간, 산해관 ➡ 북경(연경))

〈호질〉이 여기에 들어 있다.

북경에서 북으로 열하를 향해 – 막북행정록漢北行程錄

(8/5~9, 5일간, 북경 ➡ 열하)

무박나흘의 대장정.

태학관에 머물며 – 태학유관록太學留館錄

(8/9~14, 6일간, 열하의 태학에서)

왕민호, 윤가전, 추사시 등 한족 선비들과 나눈 필담.

북경으로 되돌아가는 이야기 – 환연도중록還燕道中錄

(8/15~20, 6일간, 열하 ➡ 북경(연경))

열하에서 만난 중국 친구들 – 경개록傾蓋錄

열하의 태학에서 만난 선비들의 리스트와 소개.

라마교에 대한 문답 – 황교문답黃敎問答

티베트 불교에 대해 열하의 선비들과 주고받은 취재록.

반선의 내력 — 반선시말 班禪始末

반선은 판첸라마를 뜻한다. 티베트 불교의 역사와 원리에 대해 논함.

반선을 만나다 — 찰십륜포 札什倫布

찰십은 티베트 말로 대승이 사는 곳이라는 뜻. 그곳에서 판첸라마를 접견하는 과정을 담음.

사행과 관련된 문건들 — 행재잡록 行在雜錄

청 황제의 행재소에서 보고 들은 기록.

천하의 대세를 살피다 — 심세편 審勢編

조선 선비들의 폐단에 대해 심층적으로 분석한 글. 주자학, 중화주의에 대한 연암의 관점이 담겨 있음.

양고기 맛을 잊게 한 음악 이야기 — 망양록 忘羊錄

열하에서 왕민호, 윤가전과 함께 음률에 대해 주고받은 기록.

곡정과 나눈 필담-곡정필담鵠汀筆談

곡정은 왕민호를 말한다. 왕민호와 그 주변의 인물들과 나눈 필담.

피서산장에서의 기행문들-산장잡기山莊雜記

열하 산장에서 쓴 글. 〈야출고북구기〉, 〈일야구도하기〉, 〈상기〉등 쟁쟁한 명문들이 수록됨.

요술놀이 이야기—환희기幻戲記

열하의 장터에서 본 스무 가지 요술에 관한 기록이다.

피서산장에서 쓴 시화-피서록避暑錄

열하의 피서산장에 있을 때 보고 들은 바를 적은 글.

장성 밖에서 들은 신기한 이야기-구외이문口外異聞

고북구 밖에서 보고 들은 기이한 이야기들을 적은 것.

옥갑에서의 밤 이야기 - 옥갑야화玉匣夜話

옥갑에서 비장들과 주고받은 이야기. 역관들에 관한 숨겨진 비화들이 주 내용인데, 〈허생전〉이 그 가운데 끼어 있음.

북경의 이곳저곳 - 황도기략黃圖紀略

북경 황성의 요소 요소를 세밀하게 기록한 글이다. 〈황금대기〉가 실려 있음.

공자 사당을 참배하고 - 알성퇴술謁聖退述

〈황도기략〉의 후속편. 역시 북경의 이모저모가 담겨 있음.

적바림 모음 - 앙엽기盎葉記

〈황도기략〉의 부록쯤 되는 편. 홍인사로부터 이마두총에 이르기까지 20여 개의 명소를 정리해 놓음.

동란재에서 쓰다 - 동란섭필銅蘭涉筆

동란재에 머무를 때의 수필. 생각나는 대로 써내려 간 잡록.

의약 처방 기록 — 금료소초金蓼小抄

중국에서 채집한 의학 처방과 자신이 임상 경험한 내용을 정리함.

[2] 목차는 김혈조 역 〈열하일기〉〈돌베개〉를 따랐다.

〈열하일기〉 등장인물

〈사신단〉

박지원-박명원의 자제군관.

박명원-정사. 사행단의 총책임자. 연암의 삼종형(8촌) 화평공주와 결혼 금성
　　　위가 됨(왕족).

정원시-부사. 박지원 집안과 할아버지 때부터 친함.

조정진-서장관.

홍명복-수석역관(수역) 청나라 관리와 사행단 사이의 중재 역할.

변계함-의원. 눈치가 없고 겁이 많음.

박래원-박지원의 8촌 동생. 상방 비장.

정각-상방 비장. 정진사로 불리고 박지원에게 놀림을 받음. 달걀볶음을 좋
　　　아하여 '초란공'이란 별명이 붙음.

〈마부와 마두〉

창대-박지원의 마부. 견마잡이.

장복-박지원의 마두. 초행길.

득룡-가산(嘉山) 사람. 상판사의 마두. 14살부터 중국에 드나든 '중국통'.

대종-선천(宣川)의 관노. 어의 변계함의 마두. 6~7차례 중국을 드나든 중국통.

시대-상방의 마두. 중국통.

태복-정진사의 마두. 중국통.

〈박지원이 만난 중국사람들〉

쌍림-청나라 통역관인 호행통관.

전사가-심양에서 만난 점포주인. 29세. 골동품에 해박함.

이구몽-심양에서 만난 지식인. 39세. 얼굴이 하얗다.

목춘-심양에서 만남. 24세. 글을 모름.

온백고-심양에서 만남. 31세. 글을 모름.

비치-심양에서 만남. 35세. 글씨와 그림에 능함. 전각을 잘함.

배관-심양에서 만남. 47세. 술을 잘 마시고 글씨를 빨리 씀. 착하고 품성 좋음.

왕민호-열하에서 만남. 호는 곡정. 54세 순진하고 질박함.

학성-열하에서 만남. 호는 장성. 무인이지만 박학다식함.

윤가전-열하에서 만남. 호는 형산. 70세. 황제의 총애를 받음.

추사시-열하에서 만남. 태학에서 공부함. 행동거지가 과격하고 거침.

기풍액-열하에서 만남. 만주 사람. 37세. 박학다식하며 우스개 이야기를 잘함.

파로회회도-열하에서 만남. 몽골 사람. 47세. 강희제의 외손.

조선에서 열하로 이동한 경로

열하

산해관

북경

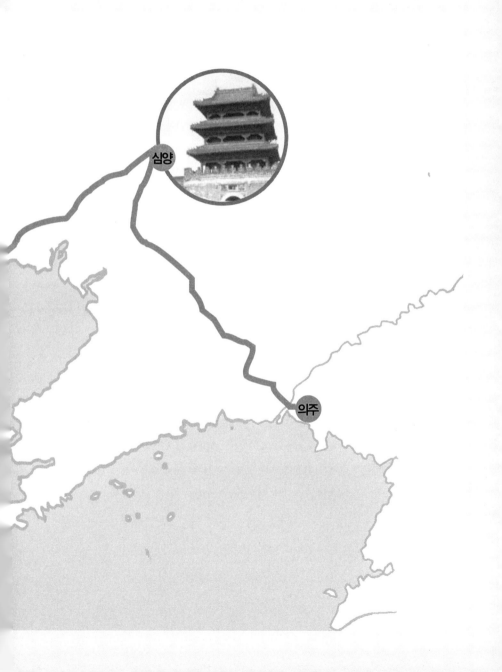

1. 청나라 사신단에 연암 박지원을 따라 함께 가게 된 하인들의 이름은 무엇일까요?

6월 14일 참고

2. 연암 박지원은 어떠한 신분으로 청나라 사신단에 참가하게 된 것일까요?

6월 14일 참고

3. 박지원은 출발하기 전에 장복이가 사 온 술을 마신 후 남은 술을 잔에 따라 두

기둥에 붓고, 나머지를 땅에 부으라고 했어요. 이유는 무엇일까요? 6월 24일 참고

4. 박지원은 성을 쌓을 때 돌보다는 벽돌이 더 낫다고 주장합니다. 그 이유는

무엇일까요? 6월 28일 참고

5. 명필이었던 박지원이 어떤 전당포에 들어가 글자를 써 주고 봉변을 당하는 사건이

발생하는데, 이유는 무엇일까요? 7월 13, 14일 참고

6. 박지원이 똥거름과 깨진 기왓조각을 중요하게 생각했던 이유는 무엇일까요? 7월

15일 참조

7. 박지원 일행이 고려보에 갔을 때, 같은 민족이 사는 곳이지만 푸대접을 받습니다.

그 까닭은 무엇일까요? 7월 28일 참조

8. 북경에 도착하고 나서 황제의 알현을 기다리던 사신단 일행은 오랑캐가

침범했다는 이야기를 듣고 대경실색을 하는데요. 새벽부터 사람들의 행렬이

분주했던 진짜 이유는 무엇일까요? 8월 5일 참고

9. 열하로 가는 도중 박지원은 마부 창대의 도움 없이 하룻밤에 아홉 개의 강을 건너는 일이 벌어졌는데요. 그 이유는 무엇일까요? 8월 6일 참고

10. 박지원은 조선 사람들이 말을 잘 못 타는 이유를 여덟 가지로 말했는데요. 한 번 정리해 봅시다. 8월 8일 참고

11. 조선의 사신들은 서번의 성승을 알현하라는 황제의 명령을 듣고
곤혹스러워했습니다. 그 이유는 무엇일까? 8월 10일 참조

12. 황제가 열하에 궁궐을 짓고, 서번의 성승을 스승으로 모시는 진짜 이유를 연암
박지원은 무엇이라고 보았나요? 8월 12일 참고

13. 청나라 황제가 눈속임에 불과한 요술을 백성에게 구경하도록 허락한 이유는

무엇일까요? 8월 21일 참고

* 읽고 풀기의 PDF는 blog.naver.com/totobook9에서

다운로드 받을 수 있습니다.

1. 창대와 장복이.

2. 자 군관.

3. 무사여행을 기원하고, 하인들의 건강과 안전을 기원하고, 말의 안전을 기원하기
   위해 뿌린 것이다.

4. 크기가 일정하여 성을 쌓기에도 편리하고, 다 쌓으면 더욱 튼튼하다는 이유로.

5. 박지원이 써 준 '기상새설'이란 글씨는 밀가루를 파는 곳에 있어야 제격이지,
   전당포에는 맞지 않는 문장이었으므로.

6. 비록 더러운 똥이라도 모아 거름을 만들면 농사에 도움이 되고, 깨진 기왓조각도
   잇고 모양을 만들어 붙이면 더욱 아름다운 장식이 될 수 있기 때문에.

7. (본문 중에서) "예전에야 고향 사람들 만나니 좋았지. 그래서 때로는 공짜로
   밥도 주고 엿도 주고 술도 주곤 했어. 고향 소식을 들으니 반갑기도 하고 말이야.
   하지만 친절에 돌아오는 것은 횡포였어. 술 먹고 술값 안 내고 도망가는 놈, 동향
   사람이라며 그릇 빼앗아 가는 놈, 심지어 감춰 둔 물건들을 훔쳐가는 놈, 정말
   무뢰배가 그런 무뢰배가 없더군. 그 다음부터는 조선 사람만 보면 경계를 하고,
   물건을 감추고, 미리 선금을 받고서야 팔았지. 그랬더니, 뭐 묻은 놈이 뭐 묻은 놈

나무란다고. 도리어 너희 할아비가 오셨는데 불친절하다며 생떼를 부리는 거야.

그래서 이제는 조선사람이라 하면 신물이 난다고."

8. 황제가 열하로 가서, 사신단은 단 5일 만에 열하에 도착하기 위해 북경을 떠나야

했으므로.

9. 박지원의 마부인 창대가 부상을 당해서.

10. (본문 중에서) 첫째, 양반들이 말을 몰기에는 옷소매가 너무 넓고 길어 고삐를

잡고 채찍질하기 거추장스럽다.

둘째, 그래서 너 같은 마부를 시켜 말고삐를 잡으니 말은 마부 때문에 항상 한쪽

눈이 가려지는 형세가 된다.

셋째, 마부들은 자신이 편한 땅을 밟느라 말을 한구석으로 몰아넣는다. 그래서

말들은 마부들에게 화가 난다.

넷째, 이렇게 말이 늘 온전히 보지 못하고 불편하게 걷다가 발굽을 헛디뎌

넘어지면 말의 책임인양 채찍질을 당한다.

다섯째, 말안장이 너무나 무겁고 성가시며 잔등에 또 사람 하나를 태우는 것도

어려운데, 입으로는 또 마부를 매달고 있으니 늘 기운이 달려 고꾸라질 판이다.

여섯째, 재갈이 물려 불편하고 채찍질을 피하려고 어쩔 수 없이 말은 목을 비틀어

옆걸음을 치게 된다. 말은 본래 목을 똑바로 세우고 앞걸음으로 가야 하는데

그렇게 가지 못한다.

일곱째, 말은 한쪽 허벅지만 채찍을 맞아 한쪽만 아프다. 잘 걷는데 느닷없이

채찍을 맞으니 놀라 태운 사람을 떨어뜨릴 수도 있다.

여덟째, 고삐의 길이가 적당해야 하는데 우리 고삐는 너무나 길다. 싸움터에

나가면 너무 거추장스럽다.

사정이 이러하니 아무리 명마라도 마침내 일찍 죽고 마는 것이다.

11. (본문 중에서) 황제의 명이 떨어졌으나, 불교를 배척하고 유교를 숭상하는

사신단들은 불쾌한 표정을 지으며 난리를 폈다. 절대 불가하다는 말이 나오면,

예부에 물어야 한다는 말도 나오고, 황제의 명을 어긴다면 엄벌이 떨어질 것이라고

덜덜 떠는 사신들도 있었다.

12. (본문 중에서) 이곳을 황제의 피서지로 정한 이유는 풍경이 좋고 시원해서이기도

하지만, 바로 그러한 정치적인 이유 때문이기도 한 것이다. '이곳은 나의 영토이니

오랑캐들은 함부로 침범하지 마라. 만약에 침범할 시에는 너희를 하나도 남김없이

죽이리라.'라고 엄포를 놓는 것이다. (……) 청나라 황제는 오랑캐를 단순히 군사적으로만 다스리는 것이 아니라 그들의 종교를 평화적으로 수용하여 잘 대접함으로써 그들과 잘 지내고자 하는 것이다. 겉으로 보기에는 황제가 반선을 모시는 것으로 보이지만, 그 속으로는 반선을 청나라에 묶어 둠으로써 서번 지역의 오랑캐들이 함부로 적대적인 행동을 하지 못하도록 하는 것이다. 이러한 황제의 정책 때문에 이 지역은 오랑캐 지역과의 교역도 늘고 흥성하게 되는 것이지. 이 정도면 백을 주고 그보다 더 많은 것을 얻어 오는 것이 아니겠느냐.

13. (본문 중에서) 내가 생각하기에는 요술이 속임수라는 것을 백성이 자연스럽게 알게 하기 위해서인 것 같구나. 만약에 요술을 금했다가는 나라 안에 요술쟁이들이 모두 궁벽한 곳에 숨어들어 자신들의 신기한 재주로 백성을 속이고 괴롭히지 않겠느냐. 그리된다면 그자들을 잡아들이기도 어렵고, 그자들로 인해서 나라가 큰 우환에 빠질 것이니 이를 미리 방지하기 위해 드러내 놓고 보여 주는 것이다. 그렇게 요술을 자주 보게 된다면 어른 아이 할 것 없이 그것이 속이는 요술임을 알고 그냥 재미로만 볼 뿐 더는 속지 않을 것 아니냐.